KB220731

A Gift for

_____

Date

_____

From

_____

하갈처럼 하나님과의 특별한 만남으로 축복 받으소서.
하갈과는 달리 어떤 역경이 닥쳐와도 믿음을 택하는 어머니가 되소서.
그리고 당신의 자녀들이 하나님을 믿는 유산을 이어받게 하소서.

리브가처럼 자녀들을 위한 하나님의 언약을
단단히 믿으시길 기원합니다.
리브가와는 달리 이런 약속들을 당신이 이루려 하면 안 된다는 것을
마음에 담아두길 기원합니다.
하나님이 약속하신 것은 하나님이 꼭 이루어 내십니다.

드보라처럼 당신도 잘못으로 가득한 세상에서
무엇이 옳은 것인지 분명히 깨닫기를 기원합니다.
그리고 당신이 자녀들을 하나님이 선택하신 길을 따라가게
이끌어주기를 기원합니다.

당신이 살아오다 어떤 잘못을 했어도
하나님의 지혜가 당신 자녀들에게 스며들게 하기를 기원합니다.
자녀들과의 관계가 계속 튼튼하게 지속되기를 기원합니다.

아비가일처럼 당신의 집안 환경과 관계없이
당신이 주 하나님과 당신에게 의지하는 사람들을
성실하게, 현명하게, 그리고 겸허하게 섬기기를 기원합니다.

어떤 때에 이르면 모든 어머니들은 자녀들을 풀어놓아야 합니다.
아이들을 위하여 당신이 할 수 있는 모든 것을 해주고
요게벳처럼 그들이 하나님을 믿게 키우고
당신이 소망하는 것보다 훨씬 더 많은
하나님의 축복이 있기를 기원합니다.

지은이 존 맥아더 John MacArthur

오늘의 저명한 성경학자 중의 한 사람인 존 맥아더는 수백만 명의 영혼을 감동시킨 베스트셀러의 저술가다. 그는 캘리포니아주 선 밸리에 있는 그레이스 커뮤니티 교회의 담임목사이며, 마스터스 신학대학의 학장이기도 하다. 그가 주도하는 프로그램 '그대에게 은총이(Grace to You)'는 온·오프 매체를 통하여 국제적으로 널리 알려져 있다. 그의 저서 《맥아더 바이블연구》는 600,000권 이상 판매되어 황금대상을 받았다. 존과 부인 패트리시아 사이에 4명의 자녀와 13명의 손자, 손녀들이 있다.

옮긴이 신동운

일산 명성교회를 섬기는 옮긴이는 서울대학에 '학풍'이라는 동아리에서 TIME지 강의를 맡아 전 서울대학 내에 영어 열풍을 일으킨 신화적인 존재였다. 또한 그의 교수법은 미국교육사절단장 머홀런드 박사를 감탄시켜 최우수 영어교사로 표창을 받았고, 서울사대부고, 중앙고, 배화여고에서 졸업반 영어 지도를 맡기도 했다.

저서 및 역서로는 《유쾌하게 사는 여성》《예수심리학》《유럽에서 그리스도를 만나다》《다빈치가 그린 생각의 연금술》《원투쓰리 잉글리시》 등 소설 번역과 검인정 교과서 및 부교재 등 200여 권이 있다.

목적을 이끈 놀라운 어머니

THE EXTRAORDINARY MOTHER
Blessings for You from Bible Moms

존 맥아더 지음 | 신동운 옮김

스타북스

특별한 어머니는
자녀를 바꾼다

이 책은 참 신선하고 상큼하다. 세계 역사의 남자들이 이루었던 업적들은 크게 포장되어졌던 반면, 그 뒤에서 묵묵히 일했던 여자들의 노력은 감추어져 있는 경우가 많다. 그래서 우리의 눈도 감추어진 여자들의 믿음의 모습을 찾기보다는 드러난 남자들의 믿음을 더 관심 있게 볼 때가 많다. 이러한 우리들에게 존 맥아더 목사님은 때로는 믿음의 지도자로, 때로는 믿음의 어머니로, 때로는 믿음의 아내로, 보이지 않는 곳에서 살았던 12명의 특별한 어머니들을 소개하고 있다. 성경 속 12명의 여인을 소개하는 가운데 특별히 '그대를 위한 기도'는 우리의 삶속에 아름다운 잔상을 남기게 하는 깊은 감동이 있다.

여자는 나약하지만 인간의 나약함으로만 머물지 아니하고 하나님을 의지함으로 담을 뛰어 넘는 위대한 여인, 어머니의 모습을 보여주면서 조기 교육에 혼신의 힘을 쏟는 오늘의 어머니들에게 진정한 조기 교육이 무엇인지, 자녀를 어떻게 하면 훌륭한 자녀로 양육하는 어머니가 될 수 있는지를 생각하게 한다. 믿음을 가진 여인, 어머니들에게 꼭 한 번 읽어보라고 권하고 싶은 책이다. 쉽게 넘어갈 수 있는 작은 것까지도 섬세하게 기록한 이 책이 여러분의 삶 가운데 귀한 도움이 될 수 있으리라 확신한다.

문성욱 (일산 명성교회 담임목사)

신앙은 여인을
특별하게 만든다

너그러운 기질, 타고난 친절미, 아름다움, 총명, 요리솜씨, 현모양처, 공동체 선도자, 등등 그 어떤 미덕도 신앙보다 여인을 더 특별하게 만들지 못한다. 이것은 성서시대도 그랬고 오늘날도 같다.

《목적을 이끈 놀라운 어머니》는 성경 속의 많은 여인들이 오늘의 어머니들에게 주는 교훈들을 찾아내 진리를 깨닫게 해준다. 이 책 안의 모든 여인이 확고한 믿음을 갖지는 않았다. 사실, 대부분이 큰 결함뿐이었다. 그러나 신앙으로 돋보이기도 하고 몇 안 되는 경우지만 신앙심이 없어서 돋보이기도 했다.

대부분 이 여인들은 타고난 어머니들이다. 몇몇은 행실만 어머니이기도 하다. 많은 어머니들은 오랜 세월 하나님이 자녀들을 허락해주기를 기다렸다. 어떤 어머니들은 훌륭한 믿음의 어린이들을 길러냈고, 그렇지 못해서 실망하는 어머니들도 있었다. 어떤 특별한 어머니들은 이름조차 알려져 있지 않다. 그러나 그들 모두가 우리에게 가치 있는 무언가를 가르쳐준다. 무엇이 여인을 특히 참으로 뛰어난 어머니를 만들어내는가에 대해서.

이 어머니들의 이야기를 읽으면서 우리가 본받을 축복의 기도를 마음에 새기고 여러분의 신앙이 성장하고 여러분의 가정과 공동체에도 성령이 충만하기를 기원한다.

존 맥아더

차례

하와

모든 생명과 인류의 어머니

〈창세기 1~3〉

하와

EVE

모든 생명의 어머니 하와는 틀림없이 하나님이 만든 절
세미인이었다. 그녀는 하나님의 놀라운 생명작품의 극치였
고, 하나님 자신의 손으로 하나하나 섬세하게 만들어낸 것
이다. 아담은 정교하게 흙으로 빚어졌지만, 하와는 공들여
만든 너무나 아름다운 인간이었다. 그녀는 아담에겐 없어
선 안 될 동반자로서 마침내 그를 남자답게 완성시켰고, 더
불어 그녀 스스로가 모든 창조의 완성을 의미했다.

　만약 그 남자가 (하나님의 모습으로 만들어진)최고의 인종임을
상징한다면, 하와는 살아있는 인간의 영광 그 자체였다. 하
나님은 참으로 최고의 걸작을 만드신 것이다.

하와는 결점이 없는 우수한 여성의 원형이었다. 하와의 우아함, 매력, 미덕, 총명, 지성, 기지 그리고 순결을 능가할 어떠한 여인도 없을 것이다. 육체적으로도 그녀는 분명히 힘과 아름다움의 특성이 주어졌다. 성경은 하와의 육체적 묘사를 하지 않았다. 그녀의 아름다움은 (분명 눈부시게 아름다웠지만)전혀 언급되고 있지 않다. 성경에는 하와와 하나님과 아담에게만 초점이 맞추어져 있다.

생명이 있는 모든 것의 어머니로서, 하와는 인류의 추락과 속죄 이야기의 주인공이다. 하지만 성경에는 그녀의 이름이 오직 네 번 언급되어 있다. 구약에서 두 번 창세기 3:20; 4:1 , 신약에서 두 번 고린도후서 11:3; 디모데전서 2:13 이다. 그녀가 부여받은 육체의 묘사가 없기도 하지만 그녀가 가인과 아벨 이외에 몇 명의 아이를 더 낳았는지, 그녀가 얼마나 살았는지, 또 그녀가 어디서 어떻게 죽었는지도 모른다.

신비스러운 고전미를 담고 있는 이브
알프레히트 뒤러, 〈아담과 이브〉(일부)

하나님의 하와 창조에 대한 이야기는 모든 여자에 관한 여러 가지 아주 중대한 진실을 알게 한다. 하와는 근본적으로 아담과 똑같다. 하나님은 남자에게서 뽑아낸 갈빗대로 여자를 만드셨기 때문이다. 그러니까 여자는 본질이 남자와 조금도 다르지 않았다. 여자의 품성이 남자보다 절대 뒤떨어지지 않았고, 그녀는 남자와 한 쌍이었다. 지능 면에서도 동격이었고 아담의 완벽한 짝이고 동반자였다. 그녀의 창조에서 모든 혼인관계가 이상적인 단일체임을 알게 되고 남편과 아내의 결혼이 얼마나 의미심장한 하나님의 의도인지도 알게 된다. 혼인은 단순히 육체적 결합만이 아니라 사랑과 정신의 결합이기도 하다. 남편과의 정분관계는 정말로 남편 옆구리에서 떼어져 나왔다는 사실에 뿌리를 두고 있는 것이다.

그 여자는 아담 옆구리에서 취한
갈빗대로 만들어졌다.
그를 지배하도록 머리에서 취하지 않고
그를 짓밟지 못하게 발에서 취하지 않고
그와 대등하도록 옆구리에서 취했고
보호받도록 그의 팔 밑에서
사랑받도록 심장 가까이에서 취한
그의 갈빗대로 만들어졌다.

매튜 헨리

하와의 창조에는 하나님이 의도한 몇 가지 중요한 여자 역할의 성서적 교훈도 들어있다. 비록 하와가 정신적으로 또 지적으로 아담의 짝이 된다 해도, 비록 그들 둘 다 본질적으로 하나이고 하나님 앞에서는 동등한 입장이며 다른 피조물보다 상위에 속한다 해도, 세상 역할에 있어서는 명확히 구별되는 점이 있었다. 하나님의 의도는 아담은 지아비, 먹고 입을 것의 공급자, 지킴이 그리고 지도자였다. 하와는 지어미, 위안을 주고 보육하는 자, 그리고 도우미였다. 남성, 여성, 양성의 그런 근본적 차이가 있음을 인정하는 것은 오늘의 남녀 동권주의와는 어긋나지만, 이것은 하나님의 말씀 그대로이다.

하늘에서 창조되고 지상에 떨어지기 전까지 아담과 하와는 에덴동산에서 동반자였고 동료였다. 하나님은 아담을 인종의 우두머리로 삼았다. 하와는 자기 남편을 돌보게 했다. 이것은 참 낙원이었고 그들은 하나님이 의도한 대로 인류의 완벽한 소우주를 구성했다.

그러나 머지않아 그것은 죄로 인해 파멸되었다. 이 이야기는 창조를 끝내고 사탄의 추락이 있기까지 매우 짧은 기간이었음을 짐작하게 한다.

사탄의 추락과 하와의 유혹까지의 기간도 비슷하게 짧았던 것 같다. 며칠 동안이거나 겨우 몇 시간이었을지도 모른다. 그 기간이 오래될 수 없었다. 아담과 하와는 잉태도 경험하지 않았던 것이다. 사탄은 금방 하와를 속여 남편에게 죄를 짓게 했다. 사탄은 인류가 번성하기 전에 때려 부수길 원했다. 만약 사탄이 하와를 속이고 즉시 아담을 추락시킬 수 있다면, 신에 대한 단 한건의 결정적 반역 행동으로 전 인류를 파괴할 수 있으리라.

사탄은 하와가 아담과 함께 있지 않을 때 교활한 속임의 대상으로 하와를 선택했다. 남편과 멀리 있으면서, 금지된 나무 가까이에 있기 때문에 그녀는 아주 유혹에 걸려들기 쉬운 상태였다. 아마도 하와는, '하면 안 된다'는 하나님 지시를 하나님으로부터 직접 들은 것이 아니고 남편으로부터 들었을 것이다.

창세기에선 하나님이 하와를 만들기 전 아담이 외로운

존재였을 때 그 금지령을 내린 것으로 기록하고 있다 창세기 2:16-17. 하와를 가르치고 보호하는 것은 아담의 책임이었다. 그러나 사탄은 그녀가 혼자 있는 것을 보았고, 하나님이 아담에게 내린 경고에 대해 확실히 모르고 있는 것을 알았다. 하와는 속아 넘어갔다.

'그녀가 그 나무의 열매를 보니 먹음직도 하고 보기에도 좋았다. 뿐만 아니라 사람을 슬기롭게 할 만큼 탐스럽기도 한 나무였다 창세기 3:6.'

하와의 혼란을 가져오게 했던 자연적인 욕망, 즉 육체적 욕망(그것은 먹음직했다), 미학적 감성(보기에 좋았다), 지적 호기심(지혜로워지기에 바람직한 것)에 주목해 보라. 그것들은 모두 좋은 것이고 정당한 것이고 건강한 충동일 뿐이다. 만약 욕망의 목적이 사악한 것이 아니고, 자연적인 열정이 악한 욕망으로 되지 않는다면 말이다. 그것은 결코 좋은 결과를 가져올 수 없다. 하와는 먹었고 그다음 남편에게 먹도록 했던 것이다.

비록 하와가 고의적 불복종으로 저지른 행위라기보다는

속아서 금단의 열매를 먹었다 해도 그녀가 저지른 죄는 하나님의 노여움을 사게 했다. 그녀는 에덴동산을 잃게 되고 죄 값으로 고통과 좌절의 생명을 이어받게 되었다. 사탄이 어떤 수단으로 우리를 죄에 빠지게 해도, 아무리 교활함이 막아내기 어려울 정도라 해도, 그 행동 자체에 대한 책임은 죄지은 자에게 있는 것이다. 하와는 자기가 저지른 것을 남의 탓으로 돌린다 해도 그 책임을 벗어날 수는 없었다.

그 책임은 오늘날까지도 여인들이 몸부림치고 괴로워하는 중대한 결과를 초래했다. 여자가 본래부터 최고의 기쁨을 추구하는 가장 중요한 두 가지 관계, 즉 남편과 자식들과의 관계에서 하나님은 하와에게 저주를 내린다. 여자에게 이렇게 말씀하셨다.

"내가 너에게 임신하는 고통을 크게 더할 것이니, 너는 고통을 겪으며 자식을 낳을 것이다. 네가 남편을 지배하려고 해도 남편이 너를 다스릴 것이다."

떨어져버린 세상에 슬픔과 고통과 육체적 어려움들은 여자의 일상적인 일의 중요부분이 되리라. 하지만 출산에서 그 고통과 슬픔은 더욱 증가할 것이다. 자식들의 출산은 애초에는 가장 순수한 즐거움과 기쁨을 가져오는 것이지만 그 대신 극심한 고통과 어려움으로 상처를 입게 되었다. '네가 남편을 지배하려고 해도 남편이 너를 다스릴 것이다.' 라는 부분은 좀 이해하기 어렵다.

아담이 죄 짓기 전에 그의 지도력은 항상 빈틈없이 현명하고 사랑이 넘치고 부드러웠다. 하와가 죄 짓기 전에는 그녀의 복종은 온유함과 정숙함의 완벽한 표본이었다. 그러나 죄가 그 모든 것을 바꿔버렸다. 그녀는 이제 그의 지배를 받으면서 짜증부리고 남자를 지배하려고 했다. 남자의 성향은 잔인무도하게 여자를 억누르는 것이었다. 이성간의 갈등은 최초의 우리 부모들까지 거슬러 올라가야 알 수 있다.

가혹한 하나님의 저주는 하와의 심장을 산산이 부서지게 했을 것이다. 그러나 하나님의 심판은 엄격하고 절망적인 것만은 아니었다. 저주 속에도 상당한 은총이 담겨 있었다. 신앙의 눈에는 하나님의 분노가 구름을 뚫고서도 빛나는 희망의 번득임이 보였던 것이다. 비록 그들의 관계가 에덴에서는 없었던 정신적 긴장을 지니게 되었지만, 하와는 여전히 아담의 배우자로 있었다. 그녀는 아내로서의 역할을 유지했고 생명이 있는 모든 것의 어머니였다.

그래도 하와가 자식들을 분만하리라는 언약은 그 저주의 여러 가지 다른 양상을 완화시켜주었다. 그 단 하나의 기대 속에는 전 인류를 위한 희망의 빛이 담겨 있었다. 그 저주 속에는 하와의 자손 중의 하나가 끝내 죄를 없애버리고 모든 죄의 어둠을 거두어 내리라는 암시가 있었다.

하와는 불복종으로 온 세계의 악을 가동시켰다. 그러나 그녀는 자기의 자손을 통해서 구세주를 만들어낼 것이다. 이 강력한 희망은 이미 조건 없이 그녀에게 주어졌다. 그 저주 속에서 하나님은 악령이 들어있는 뱀에게 말씀하셨다.

"내가 너로 여자와 원수가 되게 하고 너의 자손을 여자의 자손과 원수가 되게 하겠다. 여자의 자손은 너의 머리를 상하게 하고 너는 여자의 자손의 발꿈치를 상하게 할 것이다 창세기 3:15 ."

하와는 자기의 후손들이 절망적으로 악령의 지배에 복종되지 않으리라는 이 보증의 말씀에 힘이 솟아났을 것이다. 뱀에 대한 저주는 하와에게 희망을 주었다. 그녀의 후손들은 그 파괴자를 파괴하고 말 것이다.

유례없는 방법으로 한 여인에게서 태어난 한 동정녀의 자식이며 인간의 모습을 한 하나님이신 그리스도는 그 여자의 후손이 뱀의 머리를 부수리라는 이 약속을 정말로 실현했다.

분명히 하와의 소망이 자신의 자손들에게서 구현 되었다. 그녀는 그 자손들을 하나님 관용의 표시로 보았고, 그녀의 후손이 끝내 악마의 파괴가 이루어지게 하는 도구가 되리라는 언약의 실천으로 받아들였다.

예를 들면, 최초로 큰 기쁨으로 어머니가 되었을 때, 하와는 "나는 주님의 도우심으로 남자 아이를 얻었습니다 창세기4:1."라고 말했다.

그것은 하나님의 은총과 동정과 용서에 대한 그녀의 소망과 기쁨의 표현이었다. 가인이 아벨을 살해해서 그녀의 마음을 아프게 한 뒤, 하와가 셋을 낳고 그를 '약속 받은 후손'의 뜻인 셋이라는 이름을 붙였다고 성경은 기록하고 있다.

'하나님이 가인에게 죽은 아벨 대신에 다른 씨를 나에게 허락하셨구나 창세기 4:25'.

'약속 받은 후손'이라는 언급은 그녀가 그 저주 속에 감추어진 약속을 파악하고 있음을 뜻하며, 어느 날에는 자신의 후손이 그 약속을 실현시킨다는 영원한 소망을 가슴에 간직했다는 뜻이기도 하다.

그대를 위한 기도

그대 자녀들에게
창조주 하나님의 사랑이 가득하기를
하나님의 특별한 역할 안에서
기쁨이 넘치기를
하나님이 그들을 저주에서 벗어나
안전하게 축복받은 삶으로
이끌어주시기를 기원합니다.

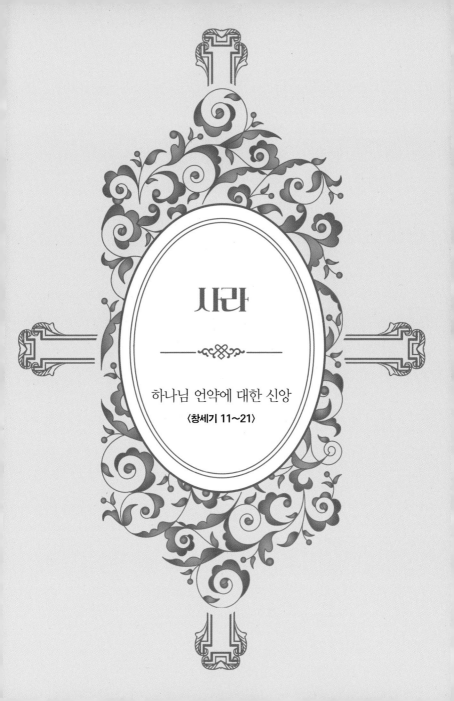

사라

하나님 언약에 대한 신앙

〈창세기 11~21〉

시라

사라가 족장 아브라함의 아내가 된 후에 그녀가 무엇보다 가장 바라는 것이 있었는데 그것은 자녀를 갖는 것이었다. 그러나 그녀는 정상적으로 아이를 낳을 수 있는 나이에 임신을 하지 못했다. 이것이 성경에서 사라에 대해 처음으로 언급된 내용이다. 아브라함과 결혼한 것을 기록한 뒤에 다음과 같이 이어진다.

　'그러나 사라는 임신이 안 되어 아이가 없었다.'

　65세라는 그녀의 생애를 이 한 마디가 요약해 준다. 사라는 자기의 불임 때문에 몹시 괴로워했다. 집안에서의 짜증이나 다툼에 관한 모든 기록들은 불임으로 인한 좌절과 관계가 있었다. 그것은 그녀를 쇠약하게 만들었다. 그녀는 우울증에 시달리는 세월을 보냈다. 그녀는 결사적으로 어머니가 되고 싶어 했지만, 끝내는 하나님이 그녀에게 아이를 허락하지 않는 것으로 결론을 내렸다 <mark>창세기 16:2</mark>.

어느 면으로 보아도 사라는 참으로 아주 특별한 여자였다. 그녀의 믿음은 종종 흔들렸지만 믿음으로 엄청난 장애물들을 견디어냈고 믿음의 핵심으로 상징되는 한 사람이 되었다. 사실 신약성경에서는 그녀를 믿음의 전당에 모시고 있다. 그녀는 약속하신 분을 신실하신 분으로 생각했기 때문이다. 비록 마음속으로는 말할 수 없이 초조하고 비참했지만 사라의 전반적인 생활의 특징은 겸손함, 온유함, 친절함, 성실함, 남편에 대한 깊은 애정, 하나님에 대한 진실한 사랑 그리고 결코 시들지 않는 소망이었다.

그 많은 극복하기 힘든 믿음의 장애물들을 생각해 보면, 사라의 놀라운 믿음의 모든 것을 분명하게 알게 된다.

아브라함과 사라, 이 두 사람은 도시환경에서 자랐다. 아브라함이 70대 중반이 되고 사라가 60대가 되어서 그들은 방랑하기 시작했다. 노상에서의 생활은 사라에게 익숙하지 않았다. 그러나 그 생활은 그녀가 받아들이지 않으면 안 되는 것이었다.

무엇이 힘이 되어 사라가 익숙한 주위환경과 가족들의 단단한 인연을 기꺼이 끊고 정처 없는 방랑의 길로 접어들게 되었을까.

그녀는 하나님이 아브라함에게 주신 엄청난 언약에 대해서 잘 알고 있었다.

"내가 너로 큰 민족이 되게 하고 너에게 복을 주어서 네가 크게 이름을 떨치게 하겠다. 너는 복의 근원이 될 것이다. 너를 축복하는 사람에게는 내가 복을 베풀고, 너를 저주하는 사람에게는 내가 저주를 내릴 것이다. 땅에 사는 모든 민족이 너로 말미암아 복을 받을 것이다 창세기 12:2-3."

하나님의 조건은 없었다. 그야말로 축복의 한계가 있는 것도 아니었다. 하나님은 아브라함에게 축복을 내려주시고, 축복의 인물로 만드셨고, 그를 이 세상에 축복을 실어 오는 매개물처럼 만드셨다. 약속된 그 축복에도 영원한 암시가 들어 있었다. 사라는 그 약속을 이해했다. 성경에 따르면, 그녀는 그것을 믿었다 히브리서 11:11 . 이 계획 속에는 분명히 사라가 맡아야할 중요한 역할이 있었다. 만약 그녀가 자식들을 낳은 어머니가 될 수 없다면 아브라함은 결코 큰 나라의 족장이 될 수 없었다.

그녀의 믿음은 대단하지만 인간의 눈으로 볼 때 오랜 세월의 수태불능은 이미 하나님의 언약 실현을 가로막고 있는 위협적인 사태였다. 사라는 이런 것들을 늘 깊이 생각했고, 세월이 갈수록 부담감은 더 크게 느껴졌다.

우리는 사라의 자포자기를 이해할 수 있다. 아브라함과 사라가 가나안 땅에서 살아온 지 10년이 지나도록 수태를 못했다. 사라는 75세가 되었고, 폐경이 지나도록 여전히 아기가 없었다. 만약 하나님이 아브라함 상속자의 어머니가 되게 할 계획이라면 왜 지금까지 그렇게 해주지 않으셨을까?

하나님이 일부러 자식들을 보류하고 있다고 당연히 그녀는 생각했다. 사실, 하나님은 그랬던 것이다. 약속이 실현되는 하나님의 때가 되면, 이렇게 사라가 마음을 졸이게 되는 것도 실로 하나님이 하시는 일임을 아무도 부인하지 못할 것이다.

하나님의 계획은, 그 예언이 자연적으로 실현될 수 없게 되었을 때, 세상에서 소망에 대한 이런저런 이유가 사라진 뒤 고령의 사라에게 첫 아기를 갖도록 하는 것이었다. 이와 같이 하나님은 그의 능력을 보여주려 했다.

그러나 자기의 처지만을 생각해서 사라는 대리출산이 궁지를 해결할 수 있는 유일한 방법이라고 결론을 내렸다. 만약 아브라함에게 주신 하나님의 약속이 이루어질 것이라면, 어떤 방법을 쓰든 아브라함의 아이들이 태어나게 해야 했다. 그래서 사라는 아브라함에게 주신 신성한 약속이 이루어지게 하는 계책을 세웠다. 그녀가 하나님의 일에 끼어든 것이다.

사라는 하갈이라 부르는 하녀가 한 명 있었다. 그들이 이집트에 있을 때 얻게 된 여자였다. 사라에게는 자기가 하갈을 소유하고 있기 때문에 만약 아브라함이 하갈로부터 아이를 얻게 되더라도 실제로는 사라의 아이가 될 것이라고 판단했다. 사라가 아브라함에게 말했다.

"주님께서 나에게 아이를 가지지 못하게 하시니, 당신은 나의 여종과 동침하십시오. 하갈의 몸을 빌려서 집안의 대를 이어갈 수 있기를 바랍니다 창세기 16:2 ."

하나님이 아브라함에게 주셨던 약속을 사라는 믿었다. 그러나 그것은 그녀의 소망이고 기대였다. 그러나 아직까지 하나님이 아브라함에게 주신 언약 안에 한 번도 뚜렷하게 사라의 이름이 나오지 않았다. 사라는 서서히 기력을 잃어가고 있었다. 이스마엘이 하갈에게서 태어났을 때, 아브라함은 86세였다고 성경은 기록하고 있다. 그 후에 13년의 좌절과 불임의 세월이 사라에게서 흘러갔다. 그녀의 소망은 이미 엉망이 되었지만 매우 가느다란 실에 매달리듯 소망을 붙들고 있었다.

하녀 하갈을 데려와 아브라함에게 대를 잇게 한 사라
마티아스 스토머르, 〈아브라함에게 하갈을 데려온 사라〉(일부)

마침내 아브라함이 99세일 때, 하나님이 다시 그에게 나타나셔서 처음으로 특별히 사라의 이름이 언약 속에 들어가게 하였다. 하나님이 아브라함에게 또 말씀하셨다.

"너의 아내 사래(왕비의 뜻)를 이제 사래라고 하지 말고 사라(열국의 어머니의 뜻)라고 하여라. 내가 그에게 복을 주어 너에게 아들을 낳아 주게 하겠다. 내가 너의 아내에게 복을 주어서 여러 민족의 어머니가 되게 하고 백성들을 다스리는 왕들이 그에게서 나오게 하겠다. …너의 아내 사라가 너에게 아들을 낳아 줄 것이다. 아이를 낳거든 이름을 이삭이라고 하여라. …그러나 나는 내년 이맘때에 사라가 너에게 낳아 줄 아들 이삭과 언약을 세우겠다 창세기 17:15-16, 19, 21."

여기서 처음으로 언약 속에 사라의 확실한 자리매김을 해주셨다.

아브라함과 사라에게는 어렵고도 바쁜 그 후의 몇 해가 지나갔다. 그 해는 하나님이 소돔과 고모라를 멸망시킨 해였다. 그 같은 해에 아브라함은 남쪽으로 여행하다 그랄의 왕 아비멜렉이 지배하는 땅 안으로 들어갔다. 사라는 90세인데도 아직도 아름다워 왕의 열정을 흔들어놓았다. 25년 전에 이집트에서 있었던 일이 또다시 재연되었다.

아브라함은 사라를 자기 누이인 채 속이려고 했다. 아비멜렉은 그녀의 미모에 사로잡혀 그녀를 뒤쫓기 시작했다. 그러나 하나님이 꿈속에 나타나 그녀는 아브라함의 아내라고 경고했다. 그래서 그는 사라를 건드리지 못했다.

그 일이 있고 바로 뒤에, 하나님은 말씀하신대로 사라를 돌보셨다. 사라에게 약속하신 것을 하나님이 그대로 이루시니, 사라가 임신하였고 하나님이 아브라함에게 약속하신 바로 그때가 되니, 사라와 늙은 아브라함 사이에서 아들이 태어났다. 사라가 그 아들에게 '웃음'의 뜻이 있는 이삭이라는 이름을 지어주었다. 그리고 사라가 말했다.

"하나님이 나에게 웃음을 주셨구나. 나와 같은 늙은이가 아들을 낳았다고 하면 듣는 사람마다 나처럼 웃지 않을 수 없겠지 창세기 21:6 ."

우리는 여기서 하나님이 그녀에게 주었던 참된 웃음을 알아보는 사라의 매혹적인 안목을 보게 된다.

"사라가 자식들에게 젖을 물리게 될 것이라고 누가 아브라함에게 말할 엄두를 내었으랴? 그러나 내가 지금 늙은 아브라함에게 아들을 낳아주지 않았는가 _{창세기 21:7}."

가끔 감정이 폭발하고 낙담으로 몸부림을 쳤지만, 사라는 근본이 쾌활한 성격의 여자였다. 쓰디쓴 긴 세월의 좌절을 맛본 뒤에, 그녀는 그 기이한 결과에 감사할 수 있었고 그런 고령에도 어머니가 되는 희극을 즐길 수 있었다. 그녀 일생의 대망이 실현되었고 오랜 세월의 쓰디쓴 실망의 추억이 깨끗이 사라졌다. 참으로 신실하신 하나님이셨다.

사라가 주역으로 나오는 또 하나의 에피소드가 성경에 자세히 언급되고 있다. 이삭이 자라서 젖을 떼게 된 날이었다. 두 살이나 세 살쯤 되었을 때다. 아장아장 걷는 아들을 보고 기뻐서 아브라함이 큰 잔치를 벌였다. 하갈을 남편의 첩으로 받아들여야 하는 괴로움으로 오랜 동안 시달려 온 사라에게 마침내 견딜 수 없는 일이 벌어졌다. 그녀는 이스마엘이 이삭을 놀리고 있는 장면을 보았다. 그녀는 즉시 아브라함에게 말하였다.

"저 여종과 그 아들을 내보내십시오. 저 여종의 아들은 나의 아들 이삭과 유산을 나누어 가질 수 없습니다 창세기 21:10 ."

사실상, 첩과 남편을 공유할 수밖에 없는 어떤 여자라도 사라가 한 것 같은 반응을 보일 것이다. 그녀는 아브라함의 본처였다. 하갈은 곁다리에 불과했다. 그 밖에도 하나님의 약속에 따르면 이삭은 언약의 축복이 이루어짐을 보게 될 하나님이 약속한 인물, 즉 아브라함의 상속자였다.

보기에는 지나친 행동 같지만 사실은 이것도 사라가 하나님의 약속을 믿는 또 하나의 증거였다. 하나님은 그녀의 요구가 옳다고 단언했다. 하나님이 아브라함에게 말씀하셨다.

"그 아들과 그 어머니인 여종의 일로 너무 걱정하지 말아라. 이삭에게서 태어나는 사람이 너의 씨가 될 것이니, 사라가 너에게 말한 대로 다 들어 주어라 창세기 21:12 ."

사도 바울은 하갈의 추방을 율법과 은총의 대립관계로 설명한다. 여종인 하갈은 일을 해서 하나님의 은혜를 받고

자 노력하는 노예 신분 즉 율법주의의 노예를 상징한다. 성실한 아내인 사라는 은총의 완전한 자유임을 상징한다. 바울은 다음과 같이 갈라디아 교인들에게 상기시켰다.

"형제자매 여러분, 여러분은 이삭과 같이 약속의 자녀들입니다. 그러나 그때에 육신을 따라 난 사람이 성령을 따라 난 사람을 박해한 것과 같이, 지금도 그렇습니다 갈라디아서 4:28-29 ."

(이스마엘을 하나님 약속의 인위적 실현으로 잉태하게 한 육체적 꾸밈으로 상징되는)인간적 노력에 좌우되는 종교 따위는 (하나님 약속의 상속자인 이삭으로 상징되는)신성한 은총과 결코 양립할 수 없는 것이다. 그리고 그 두 타입의 신앙은 가까이 접근도 할 수 없을 정도로 서로 적대적이다.

하갈이 추방된 뒤에 사라는 사랑하는 남편과 하나님을 성실하게 믿도록 끊임없이 일깨워주는 그들의 아들 이삭과 함께 건전한 일부일처의 생활로 되돌아 왔다. 우리가 아는 바로는 그녀의 여생은 즐거웠고 평화로웠다.

사라의 믿음은 훌륭하게 시험되었다. 그녀는 하나님의

약속에 대한 절대적 믿음을 분명히 드러냈다. 그리고 하나님이 인정한다는 검증 표시는 튼튼한 믿음으로 알아보는 신약성경 말씀 속에 들어 있다.

사실, 그와 아주 똑같은 방법으로 신약성경은 아브라함을 교인의 정신적 아버지로 묘사하고 로마서 4:9-11, 갈라디아서 3:7 , 사라는 모든 신실한 여자의 정신적인 어머니로 그려진다 베드로전서 3:6 . 사라가 고약하게 행동한 것으로 기억나는 일들을 따로 떼어내지 않고, 성경은 그녀를 '썩지 않는 온유하고 정숙한 마음을 가진 미인'으로 수식된 모범적인 여자로 받들고 있다 베드로전서 3:4 .

**A Blessing
for You**

그대를 위한 기도

하나님이
당신과 당신 가족에게 하신 약속에 대해
당신이 결코 단념하지 않도록 기원합니다.
하나님 뜻에 맞는 충실한 일꾼으로서
당신의 마음, 가정, 그리고 그들의 잠재력 속에
그들이 자리 잡고 있음을 확신하면서
당신의 자녀들이 성장하기를 기원합니다.

하갈

잃어버린 특별한 기회

〈창세기 16~17〉

하갈

HAGAR

잠시 또 다른 이집트 여인 하갈에 대해 생각해보자. 수태하지 못한 채 여러 해가 지난 뒤, 사라는 불임의 아내가 자기의 여종을 통해서 아이를 얻을 수 있는 그 시대의 관습에 따라 여종을 통해 도움을 받으려 했다. 전부터 상속자를 정하려고 아브라함이 하나님에게 매달렸다. 그러나 기약 없는 하나님 응답만 듣게 되자 죄받을 짓이지만 사라의 강요에 굴복해 버렸다. 이스마엘을 임신한 뒤 하갈은 사라를 업신여겼다. 그 결과 사라가 그녀를 혹독하게 다루게 되자 하갈은 달아나버렸다. 이때 사막에 있는 샘 곁에서 하갈은 주님의 천사로부터 예언의 특별한 선물을 받았다.

사막의 샘 옆에서 하갈은 이스마엘과 함께 천사를 본다
루이지 질라르두치, 〈사막의 하갈과 이스마엘〉

그 천사는 예언된 구세주의 화신으로 종종 드러났다. 이 천사를 볼 때 그녀는 하나님을 보는 것으로 알았다. 비슷한 경험을 한 다른 사람들도 같은 결론을 내렸다 창세기 22:11-18: 31:11-13, 출애굽기 3:2-5, 민수기 22:22-35, 사사기 6:11-23; 13:2-5, 열왕기상 19:5-7 .

주님의 천사가 사막에 있는 샘 곁에서 하갈을 만났다. 그 샘은 수르로 가는 길 옆에 있다.

천사가 물었다.

"사래의 종 하갈아, 네가 어디서 와서 어디로 가는 길이냐?"

하갈이 대답하였다.

"나의 여주인 사래에게서 도망하여 나오는 길입니다."

주님의 천사가 그에게 말하였다.

"너의 여주인에게 돌아가서, 그에게 복종하면서 살아라."

주님의 천사가 그에게 또 일렀다.

"내가 너에게 많은 자손을 주겠다. 자손이 셀 수도 없을 만큼 불어나게 하겠다."

주님의 천사가 그에게 또 일렀다.

"너는 임신한 몸이다. 아들을 낳게 될 것이다. 그의 이름을 이스마엘이라고 하여라. 네가 고통 가운데서 부르짖는 소리를 주님께서 들으셨기 때문이다. 너의 아들은 들나귀처럼 거친 사람이 될 것이다. 그는 모든 사람과 싸울 것이고 모든 사람 또한 그와 싸울 것이다. 그는 자기의 모든 친족과 대결하며 살아가게 될 것이다."

하갈은 "내가 여기에서 나를 보시는 하나님을 뵙고도, 이렇게 살아서 겪은 일을 말할 수 있다니!" 하면서, 자기에게 말씀하신 주님을 '보시는 하나님'이라고 이름을 지어 불렀다.

그래서 그 샘 이름도 '브엘라해로이'라고 지어서 부르게 되었다. 그 샘은 지금도 가데스와 베렛 사이에 그대로 있다. 하갈과 아브라함 사이에서 아들이 태어나니, 아브라함은 하갈이 낳은 그 아들의 이름을 이스마엘이라고 지었다.

하갈과 아브라함 사이에 이스마엘이 태어날 때에 아브라함의 나이는 여든 여섯이었다 창세기 16:7-16 .

이 만남에서 천사는 사라에게 반항하는 것이 모든 두통

거리의 해결책이 될 수 없다는 것을 하갈에게 분명히 알려 줬다. 도망가지 말고, 아브라함의 야영지로 돌아가서 하나님이 자기를 도와주신다고 믿어야 했다. 그녀의 자손이 셀수도 없을 만큼 불어나게 하리라고 그 천사가 약속을 했다. 그들이 오늘날 우리들이 알고 있는 아랍인들이다.

하갈은 그 천사를 여호와 하나님이라고 보고 자신이 하나님의 너그러운 관심의 대상이었음을 알고 깜짝 놀랐다. 또한 천사의 출현과 예언을 듣고 그녀는 하나님은 살아서 나를 보시는 분이라고 부르게 되었다.

하갈은 하나님 말씀에 순종해서 사라와 아브라함에게 돌아왔고 아브라함은 그들의 아들 이스마엘에게 하나님 축복을 받으면서 살아가게 했다. 하나님에게 이렇게까지 아뢰었다.

"저 이스마엘이 하나님 앞에서 축복을 받으면서 살기를 원합니다."

이 말에 하나님이 이렇게 응답하셨다.

"내가 너의 말을 들었으니 내가 반드시 이스마엘에게 복

을 주어서 그가 자식을 많이 낳게 하고 그 자손이 크게 불
어나게 할 것이다. 그에게서 열두 명의 영도자가 나오게 하
고 그가 큰 나라를 이루게 하겠다. 그러나 나는 내년 이맘
때에 사라가 너에게 낳아줄 아들 이삭과 언약을 세우겠다."

하나님은 아브라함에게 말씀을 다 하시고 그를 떠나서
올라가셨다 창세기 17:18: 20-22 .

예언대로 틀림없이 그 다음 해에 이삭이 태어났고, 이스
마엘은 아브라함의 상속자가 될 희망이 사라졌다.

이스마엘이 열일곱 살쯤 되었을 때 사라가 그와 그의 어
머니를 망막한 사막으로 쫓아버렸다. 마실 물도 다 떨어져
이젠 틀림없이 죽었다고 했을 때 하갈은 또다시 기적적인
방문을 받았다. 하나님이 그 아이가 우는 소리를 들으셨다.
하늘에서 하나님의 천사가 하갈을 부르며 말하였다.

여자가 해산할 때에는

근심에 잠긴다.

진통할 때가 왔기 때문이다.

그러나 아이를 낳으면

사람이 세상에 태어났다는 기쁨 때문에

그 고통을

더 이상 기억하지 않는다.

요한복음서 16:21

"하갈아, 어찌 된 일이냐? 무서워하지 말아라. 아이가 저기에 누워서 우는 저 소리를 하나님이 들으셨다. 아이를 안아 일으키고 달래어라. 내가 저 아이에게서 큰 민족이 나오게 하겠다."

하나님이 하갈의 눈을 밝히시니 하갈이 샘을 발견하고 가서 가죽부대에 물을 담아다가 아이에게 먹였다. 그 아이가 자라는 동안에 하나님이 그 아이와 늘 함께 계시면서 돌보셨다. 그는 광야에 살면서 활을 쏘는 사람이 되었다. 그가 바란 광야에서 살 때에 그의 어머니가 그에게 이집트 땅에 사는 여인을 데려가서, 아내로 삼게 하였다 창세기 21:17-21.

이스마엘은 믿음이 깊은 가정의 한 사람으로 키워졌지만 그 자신의 계보에 하나님을 섬기는 믿음의 유산을 세우지 못했다. 하갈이 천사의 방문을 두 번이나 받았지만 하갈이 자기 아들을 하나님을 믿도록 키웠다는 내용이 성경 어디에도 나오지 않는다. 하갈이 이스마엘의 배필로 이집트 여인을 데려왔다는 사실은 그녀를 격려해주고 아들의 큰 축복을 약속해주신 여호와 하나님을 거부했다는 뜻이 된다.

그녀는 만약 하나님이 이스마엘보다 이삭을 더 축복해 주신다면 이스마엘이 하나님을 첫째로 받들 이유가 없다고 생각한 것 같다. 그 결과는 무수한 이삭과 이스마엘의 후손들이 그들의 어머니들이 분노 속에 결별한 이후 오늘에 이르기까지 서로 경멸하고 있는 것이다.

하갈의 이 사례는 무릇 어머니들에게 이런 경고를 준다.

당신의 믿음은(또는 믿음이 없으면 없는 대로) 다가올 수많은 세대에게 영향을 끼친다.

A Blessing for You

그대를 위한 기도

하갈처럼
하나님과의 특별한 만남으로
축복 받으소서.
하갈과는 달리
어떤 역경이 닥쳐와도
믿음을 택하는 어머니가 되소서.
그리고 당신의 자녀들이
하나님을 믿는 유산을
이어받게 하소서.

리브가

그녀의 사랑은 끝이 없었다

〈창세기 24~27〉

리브가

REBEKAH

이삭은 놀랄 만한 하나님의 언약으로 태어난 기적의 아들이었다. 사라가 세상을 떠난 뒤, 아브라함은 이삭에게 훌륭한 아내를 구해주려고 했다. 그 시대에는 혼사 결정을 부모들이 했다. 주로 선택되는 배우자는 같은 부족출신이었다. 아브라함은 나이가 많은 노인이 되었을 때, 자신의 부족들이 하나님 언약대로 대를 이어가며 멸하지 않기를 원했다. 그래서 그는 자기의 늙은 종에게 메소포타미아에 돌아가서 이삭에 걸맞은 아내 될 사람을 데려오겠다는 맹세를 하게 했다.

　그 당시에는 사촌의 손자손녀가 결혼하는 것이 분명히

관습에 따르는 것이다. 그러나 아브라함이 이삭의 아내를 4 백 마일이나 멀리 떨어져 있는 친척들 가운데서 찾으려하는 목적은 이삭이 가나안의 이교도와 결혼해서 백성들이 참된 하나님을 떠나게 할지도 모르는 일을 방지하는 것이었다.

아브라함과 사라는 그들의 본고향과의 인연을 완전히 끊고 있지는 않았다. 60여 년 동안 만나 보지 못했지만 아브라함의 동생 나홀은 아직 메소포타미아에서 살고 있었다. 지리적으로 떨어져 있었지만, 비옥한 초승달 지대(고대 동방의 중심지였던 나일 강과 티그리스 강 그리고 페르시아 만을 잇는 농업지대-역주)에서 집안 혈통에 관한 소식은 오고 가고 돌고 돌았다.

아브라함도 이삭의 사촌, 브두엘에게 태어난 리브가라는 조카딸에 관해서 알고 있었다. 그래서 아브라함은 가장 신임하는 종에게 신앙심이 두터운 이삭의 배필을 데려 오도록 먼 길을 떠나게 했다. 지정된 마을에 도착하자 그에게 특별한 암시를 주시어 하나님이 찾고자 하는 여인을 그가 알아보도록 기도했다.

선택된 신부는 그의 목마른 낙타들에게 물을 먹이겠다고 한다는 암시였다. 그 시절의 손님 접대는 목마른 손님에게 물을 주는 것인데 동물에게 주는 것은 아니었다. 동물에게도 물을 주는 여인이라면 보통 친절한 것이 아니고 도를 넘치는 봉사일 것이다. 더욱이 단 한 마리의 낙타가 약 7리터의 물을 들이키는데 아브라함의 종은 열 마리의 낙타를 거느리고 있었다. 그들에게 물을 준다는 것은 큰일이었다. 그러나 리브가는 모두에게 물을 주었고, 아름답고 순결한 자태로 정성껏 섬기는 모습을 보여주었다.

찾고 있는 신붓감이라는 것을 알고, 아브라함의 종은 머리를 숙여서 주님께 경배하고 '나의 주인 아브라함을 보살펴 주신 하나님, 주님을 찬양합니다. 나의 주인에게 주님의 인자와 성실을 끊지 않으셨으며 주님께서 저의 길을 잘 인도하여 주셔서 나의 주인의 동생 집에 무사히 이르게 하셨습니다.' 하고 찬양하였다. 소녀가 달려가서 어머니 집 식구들에게 이 일을 알렸다.

아브라함의 종 엘리에젤이 이삭의 신붓감인 리브가를 우물가에서 만나는 모습

알렉상드르 카바넬, 〈리브가와 엘리에젤〉

그날 저녁에 리브가는 한 번도 만나 본 적이 없는 사촌 이삭과 약혼하게 되고, 그 다음날 자기 집과 식구들을 영원히 떠났다. 신기하게도 리브가는 곧 떠나기를 바라는 그 종과 뜻이 맞았다. 그녀는 자기 인생에 하나님의 뜻으로 일어나고 있는 일을 자신 있게 받아들였다.

서로 헤어지는 마지막 순간에 그녀의 식구들은 리브가가 셀 수 없는 자손들로 이어지는 축복이 있기를 기원했다. 그들이 인습적으로 품는 그런 소망이 사라와 이삭을 통해서 아브라함에게 수많은 후손을 갖게 하겠다는 하나님의 언약과 딱 들어맞는다는 사실을 그들은 전혀 알 수 없었다 창세기 13:17; 15:7; 16; 17:8 .

그래서 그들은 누이 리브가와 그의 유모를
아브라함의 종과 일행에게 딸려 보내면서
리브가에게 복을 빌어주었다.
"우리의 누이야
너는 천만인의 어머니가 되어라.
너의 씨가 원수의 성을 차지할 것이다."
리브가와 몸종들은 준비를 마치고
낙타에 올라앉아서 종의 뒤를 따라나섰다.
그래서 아브라함의 종은
리브가를 데리고 길을 떠날 수 있었다.

창세기 24:59-61

리브가는 그들을 맞으러 이삭이 들판을 걸어오는 것을 보고 겸손히 '베일을 꺼내서 얼굴을 가렸다.' 신부는 결혼할 때까지 약혼자의 앞에서 얼굴을 베일로 가려야 한다는 관습 때문이었다. 그 종이 이제까지의 모든 일을 이삭에게 다 말하였다. 이삭은 리브가를 어머니 사라의 장막으로 데리고 들어가서 그녀를 아내로 맞아들였다. 이렇게 해서 리브가는 이삭의 아내가 되었으며 이삭은 그녀를 사랑하였다. 이삭은 어머니를 여의고 나서 위로를 받았다 창세기 66-67.

그녀가 베일을 쓰고 있기 때문에 마흔 살의 이삭은 그녀를 아내로 받아들이고 나서야 비로소 리브가의 아름다운 자태를 볼 수 있었다. 이삭은 리브가를 보자 그녀를 사랑할 수밖에 없었다.

행운의 출발은 있었지만 그들도 사라가 시달렸던 똑같은 문제에 부닥쳤다. 20년 동안의 불임을 겪게 되자 이삭은 아내가 아이를 갖게 해달라고 하나님께 기도하였다. 하나님이 이삭의 기도를 들어주시니 그의 아내 리브가가 임신하게 되었다. 그러나 힘든 임신이었다. 리브가도 감동되어 남편의 기도의 모범을 따랐다.

리브가는 쌍둥이를 가졌는데, 그 둘이 태 안에서 서로 싸웠다. 그래서 리브가는 "이렇게 괴로워서야 내가 어떻게 견디겠는가?" 하면서 이 일을 알아보려고 하나님께 나아갔다. 하나님이 그녀에게 대답하셨다.

"두 민족이 너의 태 안에 들어 있다. 너의 태 안에서 두 백성이 나뉠 것이다. 한 백성이 다른 백성보다 강할 것이다. 형이 동생을 섬길 것이다."

달이 차서 몸을 풀 때가 되었다. 태 안에는 쌍둥이가 들어 있었다. 먼저 나온 아이는 살결이 붉은데다가 온몸이 털투성이어서 이름을 에서라고 하였다. 이어서 동생이 나오는데 그의 손이 에서의 발뒤꿈치를 잡고 있어서, 이름을 야곱이라고 하였다. 리브가가 쌍둥이를 낳았을 때 이삭의 나이는 예순 살이었다.

두 아이가 자라 에서는 날쌘 사냥꾼이 되어서 들에서 살고 야곱은 성격이 차분한 사람이 되어서 주로 집에서 살았다. 이삭은 에서가 사냥해 온 고기에 맛을 들이더니 에서를 더 사랑하였고, 리브가는 야곱을 더 사랑하였다.

자궁 안에서 심하게 다투는 것은 쌍둥이가 일으킬 두 나라 사이에 장차 반목이 있을 것을 예시하는 것이라고 리브가는 하나님으로부터 직접 들어서 알고 있었다. 그녀는 또 나중에 나온 아이가 먼저 나온 아이보다 더 지위가 높아지리라는 하나님의 다짐을 받았다.

그런데 이런 일은 그 당시 가부장제의 관습에 어긋나는 것이었다. 장남이 가정 일에서 우선권을 누렸고, 부친이 사망하면 유산을 나눌 때 두 배를 차지했고, 누구나 가장으로 인정하던 시절이다. 중대한 범죄를 저지르면 그 같은 장자의 권리가 폐기되거나 장자상속권이 희생되거나 다른 인척에게 합법적으로 넘겨지게 된다 창세기 25:29-34 .

이런 경우에는 하나님이 전통에서 벗어남을 밝혔다. 주권을 가지신 하나님의 선택이 반드시 세상의 관습을 따라야 할 필요가 없기 때문이다 로마서 9:10-14 .

그들은 쌍둥이지만 야곱과 에서는 분명하게 서로 달랐다. 그 두 아들의 차이는 여러 가지 면에서 확실하게 드러났다.

1. 본바탕을 볼 때―에돔(고대 팔레스타인에 근접한 사해남방의
   고대 왕국-역주)의 에서와 이스라엘의 야곱이다.
2. 기질 면에서 보면―에서는 거칠고 고집이 센 사냥꾼
   으로 야외를 좋아했고, 야곱은 집에서 어른들을 공손
   히 받드는 소박하고 상냥한 남자이다.
3. 부모의 편애를 살펴보면―아버지는 에서를 좋아했
   고, 어머니는 야곱을 좋아했다.

이런 것들이 다툼과 마음고생의 원인이었다.

늙고 앞을 보지 못하는 이삭이 에서에게 축복을 빌어주
겠다는 말을 꺼내자 형제간의 다툼이 고개를 들었다. 하나
님이 리브가에게 주신 언약을 무시하고, 에서의 장자 상속
권 교체에 대해서도 망각하고, 에서의 몇 번의 한심한 혼
사도 눈감아주고, 이삭의 마음은 장자인 에서에게 상속권
의 축복을 주는 쪽으로 기울어졌다. 그래서 자기가 좋아하

는 아들에게 마지막 축복을 내려주기 전에 좋아하는 음식을 준비하게 했다. 에서가 아버지에게 드릴 사슴을 사냥하러 나가 있을 때 리브가는 아들 야곱에게 말하였다.

"애야, 나 좀 보자. 너의 아버지가 너의 형에게 하는 말을 내가 들었다. 사냥을 해다가 별미를 만들어서 아버지께 가져오라 하시면서 그것을 잡수시고 돌아가시기 전에 주님 앞에서 너의 형에게 축복을 하겠다고 하시더라. 그러니 애야, 너는 내가 하는 말을 잘 듣고 시키는 대로 하여라. 염소가 있는 데로 가서 어린 것으로 통통한 놈 두 마리만 나에게 끌고 오너라. 너의 아버지가 어떤 것을 좋아하시는지 내가 잘 아니까 아버지가 잡수실 별미를 만들어 줄 터이다. 너는 그것을 아버지께 가져다 드려라. 그러면 아버지가 그것을 잡수시고 돌아가시기 전에 너에게 축복하여 주실 것이다 창세기 27:6-10 ."

리브가는 기를 쓰고 가부장의 축복을 야곱에게 베풀게 하려고 속임수와 농간을 동원했다. 그녀는 양고기로 특상의 사슴고기 맛과 향을 낼 수 있고 야곱을 에서처럼 보이게 할 수 있다고 믿었다. 처음에는 야곱이 리브가의 계획에 반대했다. 자기와 에서의 차이 때문에 아버지를 속이지 못하고 발각되면 축복은커녕 저주를 받게 될 거라 생각했다. 리브가가 야곱에게 말하였다.

"아들아, 저주는 이 어미가 받으마. 내가 시키는 대로 하여라 창세기 27:13 ."

어머니가 이 계략에 대한 모든 책임을 지고 유사시엔 저주마저 감당하겠다고 해서 야곱은 마지못해 리브가의 지시를 따랐다.

비록 야곱은 그날 이삭의 축복을 받았지만 그 속임수는 가혹한 결과를 가져왔다.

1. 그는 그 일이 있은 뒤 그의 어머니를 한 번도 만나볼
   수 없었다.
2. 에서는 그가 죽기를 원했다.
3. 그의 삼촌 라반이 그를 속였다.
4. 그의 가정 살림은 다툼이 끊이질 않았다.

5. 그는 여러 해 동안 집에서 쫓겨났다. 그의 아버지가 딴 마음을 품었어도 하나님의 언약에 따라 상속권을 받았을 것이다. 그는 어머니와 함께 이 속임수를 쓸 필요가 없었다.

리브가는 자기가 좋아하는 아들을 위해 마지막 헌신을 했지만 속임수로 얼룩진 더러운 짓이었다. 그의 목숨이 걱정되어 야곱에게 지시했다.

"하란에 있는 내 오빠에게 도망가거라. 네 형의 분노가 가라앉을 때까지 며칠 동안 그의 집에 머물러 있어라."

그리고 야곱을 내보내는 진짜 이유는 말하지 않고 야곱이 에서처럼 가나안 여자와 결혼하지 않고 그들 자신의 인척 가운데서 아내를 찾으려는 것이라고 이삭이 믿도록 만들었다. 그 변명은 사실이기도 했지만 진짜 이유는 그것만이 아니었다. 아마도 이삭은 리브가의 진짜 의도가 그렇지 않을 거라고 의심했을 것이다. 그때까지 벌써 97년 동안이나 부부로 살아왔기 때문에 그녀를 너무나 잘 알고 있었다.

그러나 그는 리브가의 소망대로 야곱이 안전하게 가도록 의식적인 축복을 빌어 주었다.

이삭이 야곱을 불러서 그에게 복을 빌어주고 당부하였다.

"너는 가나안 사람의 딸들 가운데서 아내를 맞이하지 말아라. 이제 곧 밧단아람에 계시는 브두엘 외할아버지 댁으로 가서, 거기에서 너의 외삼촌 라반의 딸들 가운데서 네 아내가 될 사람을 찾아서 결혼하여라. 전능하신 하나님이 너에게 복을 주셔서 너로 생육하고 번성하게 하시고 마침내 네가 여러 민족을 낳게 하실 것이다. 하나님이 아브라함에게 허락하신 복을 너와 네 자손에게도 주셔서 네가 지금 나그네살이를 하고 있는 이 땅, 하나님이 아브라함에게 주신 이 땅을 네가 유산으로 받을 수 있도록 해주시기 바란다."

너의 부모를 공경하여라.
주 하나님이 명하신 것이다.

신명기 5:16

이렇게 복을 빌어준 뒤에 이삭은 야곱을 보냈다. 야곱은 밧단아람으로 가서 라반에게 이르렀다. 라반은 아람사람 브두엘의 아들이며 야곱과 에서의 어머니인 리브가의 오라버니이다.

리브가가 자기 아들을 다시 볼 수 없었으나 하나님이 야곱을 에서보다 더 훌륭하게 만들어 준다는 언약을 어기시지 않을 것을 믿었다. 하나님은 리브가가 상상도 할 수 없을 정도의 축복을 말씀대로 해주셨다. 나중에 이스라엘로 이름을 고친 야곱을 통해서 열두 족속들이 나왔고, 그 중의 한 족속에서 만왕의 왕과 예수 그리스도가 나왔다. 신앙적으로는 오늘의 크리스천들은 이 특별한 어머니의 무수히 많은 후손들이라 할 수 있다.

그대를 위한 기도

리브가처럼
자녀들을 위한 하나님의 언약을
단단히 믿으시길 기원합니다.
리브가와는 달리
이런 약속들을
당신이 이루려 하면 안 된다는 것을
마음에 담아두길 기원합니다.
하나님이 약속하신 것은
하나님이 꼭 이루어 내십니다.

라헬과 레아

강력한 가족의 어머니들

〈창세기 29~35〉

리헬과 레아

RACHEL & LEAH

라헬은 일을 하다가 남편 될 사람을 만났다. 양치기인 그
녀가 양떼에게 물을 먹이려고 하는데 낯선 남자가 우물 뚜
껑을 밀어내며 도와주더니 정식 인사로 키스를 하고 자기
가 97년 전 이삭에게 출가한 그녀의 숙모 리브가의 아들 야
곱이라고 말했다. 라헬의 반응은 아주 담담했다. 그녀는 달
려가서 자기 아버지에게 말했다.

그들의 첫 번째 만남은 아브라함의 몸종이 리브가를 만
났을 때와 너무나 비슷했다. 야곱과 라헬의 만남은 운명적
인 만남이었다. 한 달쯤 지나서 라헬의 아버지 라반이 자기
집에서 야곱을 환영하고 있을 때 야곱은 라헬을 달라고 청

혼했다.

야곱은 라헬을 사랑하였다. 그래서 그는 "제가 칠 년 동안 외삼촌 일을 해드릴 터이니 그때에 가서 외삼촌의 작은 딸 라헬과 결혼하게 해주십시오."라고 말하였다.

그러자 라반이 말하였다.

"그 아이를 다른 사람과 짝지어주는 것보다 너에게 짝지어주는 것이 더 낫겠다. 그러면 여기서 나와 함께 살자."

야곱은 라헬을 아내로 맞으려고 7년 동안이나 일을 하였지만 라헬을 사랑하기 때문에 7년이라는 세월을 마치 며칠 같이 느꼈다.

사랑하는 마음이 있고 아내를 얻기 위한 노력봉사이기 때문에 야곱은 단순한 종업원이 아닌 거의 사위 대접을 받으며 라반의 집안일을 처음 7년 동안 즐거운 마음으로 해냈다. 그러나 사기꾼 야곱 창세기 27:1-29 이 이번에는 사기당하고 있었다 창세기 29:22-25 .

우물가에서 양떼들과 함께 있는 라헬을 보고 반한 야곱

제임스 티소, 〈우물가의 야곱과 라헬〉

그 지역의 혼인 관습, 라헬을 사랑하는 마음, 그리고 딸을 주는 대가로 7년 동안 더 부려먹으려는 라반의 욕심 등이 원인이 되어 야곱은 라반 밑에서 7년간의 노력을 더 팔았고 그 결과 라헬과 그녀의 언니 레아까지 아내로 거느리게 되었다. 그래서 레아가 첫째 아내가 되고 라헬이 둘째 아내가 되었다.

나중에 이 두 아내는 질투의 아이 낳기 경쟁 속에 휘말리게 되었다. 그와 같은 친족 관계는 하나님의 뜻이 아니었고 뒤에 모세의 율법도 금지하는 일이었다. 일부다처는 야곱의 생애 속에 드러나듯이 항상 슬픔을 가져왔다.

하나님은 레아가 남편의 사랑을 받지 못하는 것을 보시고 레아의 태를 열어 주셨다 창세기 29:31.

불임문제가 아브라함 집안 계통에서 세 번째 일어났다. 사라와 리브가처럼 사랑을 받는 라헬이 임신할 수 없었다. 얼마 안 있어 사라와 똑같이 라헬도 자기가 이루지 못하는 가족을 다른 여자가 남편에게 만들어줄 거라는 비참한 처지를 알아야 했다. 레아와 라헬은 동등한 신분이지만 하갈은 사라의 몸종에 불과했다는 것만이 다른 점이었다.

언니가 아이들을 남편에게 낳아주는 것을 보면서도 라헬은 여전히 남편의 사랑으로 위로받았다. 열렬한 사랑을 받는 라헬은 아이가 없고, 거부되는 레아는 아이를 잉태하는 너무나 기막힌 대비를 이루고 있었다. 야곱은 바라지 않는 레아를 물리쳤을지도 모른다. 그러나 하나님은 그녀를 위하여 아이들을 갖게 은혜를 베풀었다.

레아도 남편의 구박에 대해 기도했고 괴로움도 많이 겪었다. 그녀가 낳은 네 아들에게 지어준 이름을 보면 알 수 있다. 레아는 아이를 날 때마다 야곱의 마음을 붙들 수 있는 기회가 온 것이라고 생각했다. 레아의 아들들은 야곱의 마음을 붙잡기에 충분하지 못했다. 그는 라헬만 계속해서 좋아했다.

라헬은 자기와 야곱 사이에서 아이가 없으므로 언니를 시새우며 야곱에게 말하였다.

"나도 아이 좀 낳게 해주세요. 그렇지 않으면 죽어버리겠어요."

야곱이 라헬에게 화를 내면서 말하였다.

"내가 하나님이라도 된단 말이오? 당신이 임신할 수 없게 하신 분이 하나님이신데 나더러 어떻게 하라는 말이오 창세기 30:1-2?"

유목민인 아브라함의 자손들과 한곳에서 터를 잡고 살고 있는 친척 사이에 오고가는 소식은 별로 없었을 것이다. 그러나 사라가 하갈을 시켜 아이를 얻으려고 나중에 불행을 가져올 짓을 저질렀다는 이야기를 라헬이 언젠가 들어서 알고 있었다.

그럼에도 불구하고 라헬 자신도 필사적이 되어 자기의 몸종 빌하를 야곱과 동침하게 만들어 씨받이로 아이를 얻는 똑같은 방법을 썼다.

빌하가 두 아들을 낳은 뒤 레아도 그대로 따라서 자기의 몸종 실바를 야곱의 아내가 되게 했는데 실바도 두 아들을 낳아주었다. 그동안 레아 자신도 두 아들을 더 낳았다.

레아와 라헬 두 자매는 아이를 갖도록 축원해 왔고 하나님이 하나님 권세로 자궁을 열어주시는 분임을 똑똑히 알았다.

이때까지 출산은, 아직도 사랑 받지 못하는 레아가 여섯에 대리모가 둘을 보탰고, 사랑 받는 라헬은 하나도 없고 대리모가 둘을 낳아주었다.

그러다가 마침내 라헬의 필사적인 간구는 일곱 해가 다 갈 무렵에 하나님의 응답을 받았다.

라헬은 수태를 못하다가 하나님의 도우심으로 임신하게 된 것이라고 믿었다. 그녀는 아들 하나를 더 갖게 해달라고 하나님께 빌었다.

요셉이란 이름은 '그이가 보태줄 것이다' 또는 '그이가 보태도록 빕니다'의 뜻이고 이 이름을 라헬이 선택한 것은 그녀의 감사의 마음과 하나님이 그녀에게 또 다른 아들을 허락해 주신다는 믿음을 나타내는 것이다.

요셉의 탄생으로 두 자매 사이의 증오심이 어느 정도 가라앉은 듯 했다. 그들의 경쟁관계는 아들 사이에서는 계속되었지만 두 자매의 또 다른 불화는 성경에서 기록하고 있지 않다.

하나님은 라헬도 기억하셨다.
하나님이 라헬의 호소를 들으시고
그녀의 태를 열어주셨다.
그녀가 임신을 하여서 아들을 낳으니
'하나님이 나의 부끄러움을 벗겨 주셨구나.'
하고 생각하였다.
라헬은 그 아이의 이름을 지을 때에
'주님께서 나에게 또 다른 아들
하나를 더 주시면 좋겠다.'는 뜻으로
그 아이의 이름을 요셉이라고 하였다.

창세기 30:22-24

야곱이 이제 아흔 살이었다. 고향을 떠난 지 14년이지만 하나님이 그에게 주신 땅에 대한 야곱의 철저한 소속감은 무뎌지지 않았다. 메소포타미아는 자기 고향이 아니고 라반과의 계약도 끝났기 때문에 그는 성장하는 식구들을 데리고 '내 자신의 고장' 그리고 '내 나라'에 돌아가기를 열망했다 창세기 30:25 .

야곱이 가나안으로 돌아가고 싶어 하는 것은 장인인 라반도 알고 있었다. 하지만 라반은 야곱이 머물러있기를 원했고 얼마를 주면 떠나지 않겠느냐고 물었다. 야곱은 라반에게는 손해 볼 것이 하나도 없고 자기에게는 복이 돌아오는 제안을 라반에게 냈다.

라반은 앞으로 양떼를 더 늘어나게 할 그의 재능을 확보하기 위해서 야곱의 제안을 들어주어도 별것 아니고 자기가 기꺼이 양보할 수 있는 거라고 판단했다. 그러나 야곱은 라반이 판단했던 것 이상으로 양과 염소 같은 가축에 대하여 아는 것이 많았다.

그 다음 6년이라는 세월은 여러 해 동안 그를 이용해 먹은 라반보다는 야곱이 더 풍성해지는 쪽으로 기울었다. 야곱이 라반의 안색을 살펴보니 자기를 대하는 라반의 태도가 이전과 같지 않았다. 하나님이 야곱에게 말씀하셨다.

"너는 네 조상의 땅, 너의 친족에게로 돌아가라. 내가 너와 함께 있겠다 창세기 31:2-3 ."

야곱이 처음 14년의 계약이 끝나 떠나려 했을 때는 하나님이 생각하고 있던 때가 아니었다. 이제 그때가 온 것이다. 그래서 하나님은 야곱에게 떠나라고 지시하셨고 하나님이 그와 함께 있음을 확신시켜주셨다. 마침내 집에 돌아갈 때가 된 것이다 창세기 31:38-41 .

그들의 숙모 리브가가 그랬던 것처럼 라헬과 레아도 약속의 땅에서 남편과 같이 살기 위해 젊은 시절을 보낸 고향을 영원히 떠나야 했다. 하나님이 나타나셔서 새로운 이름을 주셨고 '한 민족과 많은 갈래의 민족'이 나오도록 하신다는 약속을 아브라함에게 하셨던 대로 확인해 주셨다.

하나님이 약속하신 유산을 상기시키는 이런 일이 있자마자 끔찍한 일이 일어났다. 라헬이 출산 중에 숨을 거두었다. 마지막 숨을 거두면서 라헬은 자기가 낳은 아들의 이름을 베노니라고 하였다. '나의 슬픈 아들'이란 뜻이다. 그러나 아버지는 아들의 이름을 '나의 오른 손의 아들' 베냐민이라고 하였다. 이렇게 그의 열두 번째 아들을 가장 명예로운 이름으로 부르게 했다.

그 다음 레아가 언제 숨을 거두었는지 정확히 알지 못하지만 끝내 명예를 레아에게 바친 것은 정확히 알 수 있다. 야곱은 자기 아버지 그리고 할아버지처럼 첫째 아내 곁에 나란히 묻어달라고 부탁한 것이다. 사랑했던 아내 라헬 곁에 묻히기를 원하지 않았다.

라헬과 레아는 여러 번 만만치 않은 도전에 직면했다. 그 도전의 내용은 형제간의 적대관계, 또 다른 아내를 좋아하는 남편, 많은 아이들을 분만할 때 겉으로 나타나는 고통, 임신 불능에서 생기는 내적인 고뇌, 남편 침실에 있는 다른 여인들, 그들의 친정과 남편 사이의 의견충돌, 처남 매부의 분노에 대한 두려움, 그리고 사라와 리브가처럼 그들이 막강한 가족 유산을 확립할 때에 쓰임 받는 도구가 될 거라는 예상 등등이다.

어머니들이 오늘날 직면하는 많은 도전들은 일반적으로 아주 많이 다르다. 그러나 신앙심이 깊은 어머니들은 아직도 자식들 사이에 믿음의 유산을 세워주는 책임을 지닌다.

수천 년이 지나고 문화의 광대한 변화가 있었지만 사라, 리브가, 라헬 그리고 레아의 영적 자손들에 대한 이런 욕구는 줄어들지 않았다.

A Blessing for You

그대를 위한 기도

주 하나님이 공동체에서
당신을
'이스라엘 집안을 일으킨 두 여인
곧 라헬과 레아처럼'
되게 해주시기를 빕니다(룻기 4:11).
당신이
강력한 믿음의 유산을
당신 가정에
뿌리내리게 해주시기를 빕니다.

요게벳

༺࿐ ❦ ࿐༻

그녀는 자기 아이를
하나님께 맡겼다
〈출애굽기 1-2〉

요게벳

JOCHEBED

창세기의 끝에 기록된 사건으로 요셉이 죽은 뒤 몇 백 년
동안에(대략 기원전 1804년 무렵) 이집트에 있는 이스라엘인의
신분은 나쁘지 않았던 상태에서 노예상태로 곤두박질했다
(대략 기원전 1525~1445년 무렵).

그러나 혹독한 상황에도 불구하고 이스라엘 공동체는 경
이적인 성장을 했다. 그들의 숫자가 70명에서 20세 이상이
603,000명으로 늘어났다. 그래서 나중에 이집트에서 떠난
사람들을 모두 합친 숫자는 약 200만 명 정도로 추산할 수
있다.

아브라함의 자손은 이젠 더 이상 확장된 가족이 아니라

한 나라가 된 것이다. 그의 후손들이 풍성하게 번성할 것이라는 하나님의 언약이 이집트에서 실현되었다.

파라오는 그들의 인구를 줄이려는 수많은 조치를 취했지만 그의 인간으로서의 능력은 하나님이 계속해서 이스라엘에게 주시는 축복을 이겨낼 수 없었다. 결국 파라오는 그의 백성들에게 새로 태어나는 모든 이스라엘 사내아이들을 나일 강에 빠뜨려 살해하는 일에 가담하도록 왕명을 내렸다 출애굽기 1:22.

이름이 요게벳이라고 하는 한 어머니가 자기의 예쁜 아기를 삼 개월 동안이나 간신히 감추고 있었다. 그러나 더 이상 숨길 수 없어서 갈대상자를 구해 와 역청과 송진을 바르고 아이를 거기에 담아 강가의 갈대 사이에 놓아두었다. 그 아이의 누이가 멀찍이 서서 아이가 어떻게 되는지를 지켜보고 있었다 출애굽기 2:3-4.

바구니 안에 아기를 뉘어 물 위에 띄우는 요게벳의 모습
니콜라 푸생, 〈모세를 강에 띄우다〉

그녀는 자기 아이의 안전한 성장을 하나님에게 전적으로 맡겼다. 모세를 나일 강에 띄울 때(사내아이는 강물에 던져 넣으라는 파라오의 명령과 교묘하게 맞아 떨어졌다) 그것도 왕족이 목욕하는 강 가까이에 띄워 놓고 미리암이라는 자기 딸을 시켜 어떤 일이 일어날 것인가 지켜보게 한 것은 무언가가 그 어린이를 제대로 돌볼 것이라는 요게벳의 소망이 있었기 때문이다.

그녀의 소망이 제대로 이루어졌다. 파라오의 살인명령을 무시하고 이스라엘인들을 위해, 하나님이 선택한 지도자의 생명을 보호하기 위해 하나님은 이집트의 공주를 사용하여 도와주셨다.

그뿐 아니라 하나님은 미리암이 왕실 사람들에게 접근해 공주가 그 아이에게 젖을 먹여 기르는 그 아이의 엄마에게 대가를 지불하도록 교묘하게 설득할 수 있는 용기를 주셨다.

그래서 그 여인은
그 아이를 데리고 가서
젖을 먹였다.
그 아이가 다 자란 다음에
그 여인은 그 아이를 파라오의 딸에게
데려다 주니 공주는 이 아이를
양자로 삼았다.

출애굽기 2:9-10

모세는 살아남을 기적이 필요했고 기적이 왔을 때 요게 벳은 준비가 되어 있었다. 하나님의 예비하심을 믿었기에 이스라엘은 이집트에서 벗어나는 첫발을 디뎠다.

이런 믿음이 쉽게 생길 수 있을까? 그렇지 않다. 요게벳은 자기가 할 수 있는 모든 것을 모세에게 주었다. 그런 다음 두 번 포기했다. 한 번은 그녀가 그를 강에 띄울 때였고 또 한 번은 공주가 키우도록 그를 돌려보냈을 때다. 두 번다 요게벳은 다시는 자기 아들을 볼 수 없을 거라고 생각하면서 하나님 손에 맡겨버린 것이다.

뒷날에 공주의 양자로서 모세가 귀족에 속하는 특권을 확실하게 부여받았지만 이런 것이 모세로 하여금 태어난 근본과 믿음을 포기하게 만들 수는 없었다. 그것은 어린 소년인 그를 요게벳이 돌보면서 분명히 가르쳐 주었기 때문이다.

또한 그의 정신적 성숙이 놀라울 정도여서 그가 성인이 되었을 때, 그는 파라오 딸의 아들로 불리는 것을 거부했다.

요게벳의 아들로서 모세는 믿음이 자라났다. 공주의 아

들로서는 글 읽기, 글쓰기, 산수 그리고 한두 개의 가나안 언어도 배웠을 것이다. 이런 모든 재주와 경험들은 그가 동족들을 이스라엘에서 이집트로 이끌고 가는 하나님의 특사가 되었을 때 크게 도움이 되었다.

그대를 위한 기도

어떤 때에 이르면
모든 어머니들은
자녀들을 풀어놓아야 합니다.
아이들을 위하여
당신이 할 수 있는 모든 것을 해주고
요게벳처럼
그들이 하나님을 믿게 키우고
당신이 소망하는 것보다
훨씬 더 많은
하나님의 축복이 있기를 기원합니다.

드보라

암흑기의 한줄기 빛

〈사사기 4-5〉

드보라

DEBORAH

이스라엘 자손들이 다시 하나님이 보시는 앞에서 악한 일을 저질렀을 때 하나님은 이웃나라 왕이 그들을 다스리게 했다. 고난의 20여 년이 지난 뒤 그들은 마침내 하나님에게 울부짖으며 도움을 청했다.

물론 하나님은 응답했지만 그 응답은 보통 때와는 달랐다. 하나님은 한 여인을 보내어 평화로운 사십 년을 이끌어 가게 하셨다.

우리는 그녀가 '랍비돗의 아내 사사기 4:4'라는 것과 '이스라엘의 어머니'라는 사실 외에 드보라에 관해서 아는 바가 많지 않다. 우리가 현재 알고 있는 것은 그녀가 예언자였다는 것과 그 당시에 그녀가 '이스라엘을 이끌어가고 있었고 드보라의 종려나무 아래에 앉아 있으면 이스라엘 자손은 그녀에게 나아와 재판을 받곤 하였다 사사기 4:4-5 .'는 사실이다.

성경에서도 그녀를 예언자로 기록하고 있다. 이 말은 그녀가 새로운 계시를 하는 것이 아니라 하나님의 말씀을 대언한다는 뜻이다. 구약성경은 예언을 했던 세 여인을 언급하고 있다. 그들은 미리암 출애굽기 15:20 , 드보라와 훌다 열왕기하 22:14, 역대하 34:22 이다.

드보라는 병사들을 이끄는 지도력은 없었지만 재판의 임무를 감당하는 지혜가 풍부하고 영향력이 있는 비범한 여인이었다.

같은 예로, 하나님은 예언자 훌다 열왕기하 22:14 , 예언할 때의 빌립의 딸들 사도행전 21:8-9 , 교회의 봉사자 뵈뵈 로마서 16:1 같은 여인들을 통해 민간의 일과 종교적인 일들을 감당하도록 강력하게 사용할 수 있다는 것을 성경을 통해서 알 수 있다.

드보라가 사사의 지위까지 오르는 것은 하나님이 남성의

지도력을 위한 계획에 어긋나는 것이지만 선택된 바락 장군이 용기 있는 지도력을 발휘하지 못했기 때문에, 하나님은 그의 비겁함을 꾸짖고 한 여인이 시스라를 살해하도록 선포한 것이다 사사기 4:9 .

드보라의 재판관 직위는 이스라엘이 비참했던 시기에 등장했다. 이스라엘 사람들이 그 땅을 정복하고 있을 때는 하나님에게 순종했지만 사사기 편을 보면, 그 다음엔 불순종과 우상숭배 때문에 전투에서 자주 패배한 것으로 여호수아 편에 기록하고 있다. 이스라엘 역사상 이 단계에서 다음 네 가지 사항이 연속적으로 되풀이해서 일어났다.

1. 이스라엘이 하나님으로부터 떠남.
2. 군대가 패배하고 정복당하게 하는 하나님의 징벌.
3. 이스라엘의 구원을 부르짖는 기도.
4. 민간 일을 감당하는 사사들과 앞장 서 폭군을 물리치는 장군들을 하나님이 부르심. 열네 명의 사사가 등장했는데 그 중에 여섯은 군사담당 사사였음(옷니엘, 에훗,

드보라, 기드온, 에브타, 삼손).

 드보라가 살던 북부 이스라엘 사람들은 20년 동안이나 가나안의 통치 아래 고통을 당하고 있었다. 그들은 다른 신들을 받들고 병사로서 힘의 발휘를 포기했다. 그러나 사사의 권세로 드보라가 사람을 보내어 납달리의 게데스에서 아비노암의 아들 바락을 불러다가 그에게 말하였다.

 "주 이스라엘의 하나님이 분명히 이렇게 말씀하셨습니다. '너는 납달리 지파와 스불론 지파에서 만 명을 이끌고 다볼 산으로 가거라. 야빈의 군지휘관 시스라와 그의 철병거와 그의 많은 군대를 기손 강가로 끌어들여 너의 손에 넘겨주겠다 사사기 4:6-7 .'"

 드보라는 군 지휘관들에게 하나님의 사람들을 해방시키라는 하나님의 뜻을 마음에 새기고 그 지휘관의 용기가 흔들릴 때에도 굳건히 버텼다. 바락이 드보라에게 말했다.

 "그대가 나와 함께 가면 나도 가겠지만 그대가 나와 함께 가지 않으면 나도 가지 않겠소." 그러자 드보라는 "내가 반드시 장군님과 함께 가겠습니다. 그러나 주님께서 시스라를 한 여자의 손에 내주실 것이니 장군께서는 이번에 가는 길에서는 영광을 얻지 못할 것입니다." 하고 일어나 바락과 함께 게데스로 갔다 사사기 4:8-9 .

드보라가 예언한 대로 바락의 부대는 가나안 군대를 대량으로 쳐 죽였고 막강한 시스라 장군은 자기 천막에서 잠들고 있다가 한 여인에 의해 목숨을 잃었다. 이 전투에서 가장 큰 영광이 한 여인에게 돌아가게 된 것은 참으로 보통 일이 아니었다. 그러나 앞에서 언급했듯이 이때는 이스라엘에서 여성들이 남성들보다 더 강력한 지휘력을 발휘하던 시기였다.

다음은 묘하게 승리를 거둔 뒤에 이 지휘능력을 되돌아보면서 부르는 드보라의 노래다.

너희 왕들아, 들어라.

너희 통치자들아, 귀를 기울여라.

나 곧 내가 주님을 노래하련다.

주 이스라엘의 하나님을 찬양하련다.

이스라엘의 어머니인 내가 일어나기까지

이스라엘에서는 용사가 끊어졌다.

나의 마음이 이스라엘의 지휘관들에게 쏠렸다.

그들은 백성 가운데서 자원하여 나선 용사들이다.

너희는 주님을 찬양하여라.

사사기 5:3, 7, 9

드보라가 이스라엘에서는 대표적인 영도자였다. 그러나 그녀는 기꺼이 싸움에서 거둔 영광을 바락의 공으로 돌렸다. 사실 그는 전투에서 좀 더 충실히 싸워야 했었다. 지휘권도 매우 망설이면서 맡았던 것이다.

전쟁이 끝나고 영도자들과 백성들이 각자 적절한 자리에서 일하고 있을 때 이것은 주님을 찬양하라고 강력하게 타이르는 드보라의 노래이다. 드보라의 노래는 당연히 있어야 할 것과 실제로 다가와서 가버린 것을 대조시키는 내용으로 채워져 있다.

어머니는 자녀들이 세상을 있는 그대로 다루게 준비시켜야 한다. 이루어져야 할 세상에 관해서도 가르쳐야 한다. 지혜와 신앙과 용기를 갖고 드보라는 자기 자신이 특별한 어머니임을 이스라엘에 보여준 것이다.

그대를 위한 기도

드보라처럼
당신도 잘못으로 가득한 세상에서
무엇이 옳은 것인지
분명히 깨닫기를 기원합니다.
그리고 당신이 자녀들을
하나님이 선택하신 길을 따라가게
이끌어주기를 기원합니다.

삼손의 어머니

모태에서 하나님께 바침

〈사사기 13-14〉

삼손의 어머니

THE MOTHER OF SAMSON

아기는 기적 같은 존재라고 사람들은 말한다. 우리는 성경 안에서 그 말이 사실임을 보게 된다. 마누아 아내의 경우도 그랬다. 많은 이스라엘의 여자 가장처럼 임신이 되지 않다가 마침내 강력한 운명을 타고 나는 기적의 아들을 허락하겠다는 하나님의 약속을 받았다. 그녀의 이름은 성경에 기록되어 있지 않다. 하나님의 천사가 그 여인에게 나타나 말하였다.

"보아라, 네가 지금까지는 임신할 수 없어서 아이를 낳지 못했으나 이제는 임신하여 아들을 낳게 될 것이다. 그러므로 이제부터 조심하여 포도주나 독한 술을 마시지 말라. 부정한 것은 어떤 것도 먹어서는 안 된다. 네가 임신하여 아들을 낳을 것인데 그 아이의 머리에 면도칼을 대어서는 안 된다. 그 아이는 모태에서부터 이미 하나님께 바쳐진 나실인이기 때문이다. 바로 그가 블레셋 사람의 손에서 이스라엘을 구하는 일을 시작할 것이다 사사기 13:3-5."

그 여인은 하나님의 천사로부터 앞으로 낳을 아들의 육체적 그리고 영적인 발달을 위해서 임신 중에 지켜야할 엄격한 지시를 받았다. 그는 하나님에게 바쳐질 나실인이기 때문이다. 나실이란 말은 헤브라이 말로 봉헌을 뜻한다. 하나님에게 바쳐질 나실인은 다음을 멀리 했다.

1. 포도로 만든 것들 민수기 6:3-4
2. 머리에 면도칼을 대는 일 민수기 6:5 그리고
3. 주검에 가까이 하는 것 민수기 6:6-7

똑같은 방법으로 모세의 율법에서도 포도주를 마시고 회막에 들어가서는 안 되고, 주검에 가까이 해서는 안 된다는 비슷한 제한을 두었다. 더 나아가 제사장의 관과 나실인의 머리는 나실인의 머리털이 제사장의 관과 같다는 것을 나타내는 헤브라이 말로 간주된다. 제사장과 같이 나실인도 헌신하는 기간에는 하나님에게 거룩하게 구별된 사람이었다.

그와 같은 외면적인 행동은 하나님을 내면적으로 봉헌함을 나타내는 것으로, 마노아의 아내도 즉시 그 아이의 봉헌을 시작하도록 가르침을 받았다. 이 말을 듣고 마노아가 하나님께 기도를 드렸다.

"주님, 우리에게 보내셨던 하나님의 사람을 우리에게 다시 오게 하셔서, 태어날 아이에게 어떻게 하여야 할지를 우리에게 가르치게 하여주십시오 사사기 13:8 ."

그러한 가르침을 간구하는 기도는 믿음이 깊은 수많은 부모들의 가슴에서 오늘도 메아리치고 있고 하나님은 항상 응답을 주시고 있다 욥기 22:27-28, 시편 86:6-7, 마태복음 7:7-8, 빌립보서 4:6-7, 데살로니가전서 5:16-18, 히브리서 4:16 .

마노아에게 주시는 하나님의 응답은 강력하고 직접적이었다. 하나님이 마노아의 아내에게 두 번째 나타나셨다. 그 여인은 급히 달려가 남편에게 그분을 만나보라고 하였다. 그 만남에서 하나님의 천사는 마노아의 아내에게 일러준 모든 것을 마노아의 아내가 지켜야 한다고 말해주었다.

하나님의 천사가 최초에 마노아가 아니라 마노아의 아내에게 나타나신 이유를 우리는 모른다. 실제로는 아이를 대신해서 여러 가지 나실인의 맹세를 하도록 명령을 받아 태어날 아이의 어머니가 아버지보다 아이의 정신적 성장에 아마도 더 큰 역할을 할 것으로 보았기 때문이다.

마노아는 하나님의 천사에게 질문을 되풀이했는데, 아마도 그의 아내의 증언만으로는 믿어지지 않아 하나님의 더 많은 확인이 필요했을 것이다. 하나님은 마노아의 아내가 그 아이를 키우는 일을 잘 감당할 것으로 보았고, 그 여인에게 하나님의 천사가 나타난 것이 가장인 남편을 무시한 것이 아니었다는 것을 우리는 명백히 알 수 있다.

하나님은 마노아가 한 번 더 나타나게 해달라는 기도에 응답하시고, 마노아의 질문을 참고 기다려서 응답하시고, 그가 바치는 번제를 받아드리시는 너그러움을 보여주셨다 사사기 13:19-20 .

하나님의 천사가 마노아와 그의 아내에게 다시 나타나지 않자 그제야 마노아는 비로소 그가 하나님의 천사인 줄 알았다. 마노아는 아내에게 말하였다.

"우리가 하나님을 보았으니 우리는 틀림없이 죽을 것이오."

그러자 그의 아내가 그에게 말하였다.

"만일 주님께서 우리를 죽이려 하셨다면 우리의 손에서 번제물과 곡식예물을 받지 않으셨을 것이며 또 우리에게 이런 모든 일을 보이거나 이런 말씀을 하시지도 않으셨을 것입니다."

그 여인은 아들을 낳고서 이름을 삼손이라고 하였다. 그 아이는 하나님이 내리시는 복을 받으면서 자랐다. 하나님의 영이 처음으로 그에게 내렸다 사사기 13:21-25 .

데릴라가 잠든 삼손의 머리카락을 자르는 모습

막스 리버만, 〈삼손과 데릴라〉

삼손이 자라서 성인이 되자, 그는 어울릴 수 없는 블레셋 여인들에게 맥을 쓰지 못했다. 믿음이 깊은 부모가 있는데 삼손이 왜 이런 데 약했는지 우리는 알 수 없다. 그가 선택한 여자들 때문에 마노아와 그의 어머니의 고통은 말할 수 없이 컸다.

오늘날 우리는 아이들의 적절치 못한 대인관계 때문에 괴로워하다가 멋지게 성공한 부모들을 알고 있다. 삼손의 어머니와 아버지도 아들의 잘못을 바로잡으려고 노력했지만 결국 아들의 결정을 받아들이게 되고 위험 속으로 빠지고 있는 삼손 곁에 붙어 있으면서 도와주려고 최선을 다했던 것이다 사사기 14:5.

성경은 두 번 더 삼손의 어머니를 언급하고 있다. 한 번은 삼손이 연속적으로 부모에게 자기가 한 일을 알리지 않은 때와, 또 한 번은 그를 양육해 준 믿음의 사람들과의 관계를 거부했을 때이다.

그러나 성경은 삼손의 부모가 보지 못했던 희망의 빛줄기를 우리에게 주고 있다. 그의 부모는 하나님이 블레셋 사람을 치실 계기를 삼으려고 이 일을 하시는 줄을 알지 못했다.

그때는 블레셋 사람이 이스라엘을 지배하고 있었다 <mark>사사기</mark> <mark>14:4</mark>. 블레셋은 이스라엘 사람이 혼인해서는 안 되는 가나안의 일곱 나라 속에 들어 있지 않았지만 삼손의 결혼 상대자로의 선택은 설득력이 없었다. 삼손이 죄를 저질렀지만, 하나님의 권세로 스스로 만족할 수 있도록 그 상황을 돌려놓으실 수 있었다. 군대를 양성하지 않고 한 남자의 기적적인 힘을 솟아나게 해서 하나님은 사악한 블레셋 사람들을 무찌르고 하나님 백성들에게 은혜로운 도움을 주셨다.

삼손은 비록 흠집은 나 있었지만 마노아와 그의 아내가 사랑하는 이 아들은 하나님이 사랑하는 아들이기도 했다. 하나님께 온전한 헌신으로 히브리서의 믿음의 전당 안에도 기록되었다.

삼손은 이러한 칭송을 개인의 신분과 능력 때문에 받은 것이 아니라 강력한 적군으로부터 하나님의 백성들을 해방시킬 때에 하나님을 믿음으로써 성취해냈다는 것이 높이 평가 받았기 때문이다.

A Blessing for You

그대를 위한 기도

삼손의 어머니처럼
당신도 뱃속에서부터
아이들을 주님에게 바치고
믿음으로 그들 곁을 따라가길 빕니다.
그들이 선택을 잘못할 때도
그들을 포기하지 않도록 빕니다.
당신이 그들 곁을
따라가지 못할 때도
주님께서 희망의 길을 열어주심을
확신하기를 빕니다.

아비가일

공동체의 어머니

〈사무엘상 25〉

애비가일

ABIGAIL

아비가일은 고집이 세고 행실이 포악한 나발이라는 부자
에게 시집가서 사는 이해심이 많고 용모도 아름다운 여인
이었다. 나발이라는 이름은 '바보'를 뜻하는데, 그의 성격
깊은 속까지 잘 드러내는 이름이다. '바보'란 도덕적 결함
도 있는 사람을 말할 수도 있다.

　다윗이 광야에서 숨어 있을 때 그의 부하들과 함께 나발
의 양떼를 보호해 준 적이 있었는데, 나발이 양털을 깎고
있다는 소식을 듣고 그들이 전에 도와준 것에 대한 정당한
대가를 받으려고 다윗이 부하 열 명을 보냈다.

　그러나 나발은 "도대체 다윗이란 자가 누구며 이새의 아

들이 누구냐? 요즘은 종들이 모두 저마다 주인에게서 뛰쳐 나가는 세상이 되었다. 그런데 내가 어찌 빵이나 물이나 양 털 깎는 일꾼들에게 주려고 잡은 짐승의 고기를 가져다가 어디서 왔는지도 모르는 자들에게 주겠느냐?"라고 하면서 다윗에게 진 빚을 인정하지 않았다 사무엘상 25:10-11 .

짐짓 다윗을 모르는 척한 것은 참으로 야비한 짓이었다. 새로 뽑힌 젊은 왕의 이야기는 널리 알려져 있었다. 나발은 당연히 해야 할 일을 하지 않는 변명으로 모르는 척 했다. 그런데 나발의 하인 중의 하나가 아비가일에게 그녀의 남 편이 한 짓을 알려주고 이런 말까지 덧붙였다.

"무엇을 어떻게 하셔야 할지 어서 생각하여 보시기 바랍 니다. 다윗의 부하가 틀림없이 주인어른께 앙갚음을 할 텐 데 주인어른의 성격이 불같으시니 말도 붙일 수 없습니다 사 무엘상 25:17 ."

나발 부하의 이 증언은 다윗이 보호해 준 일의 가치와 나 발의 성격결함을 확언하는 것이었다. 아비가일의 반응은 단호했다. 이 일이 양털 깎기 축제일에 일어났으므로, 그녀는 즉시 나발에게는 알리지 않고 이미 준비되어 있던 음식을 담아 다윗의 군대를 만나서 가족들의 학살을 막으려고 달려갔다.

잠언에 나오는 많은 격언은 어떤 사람을 달래기 위하여 선물을 가져오는 지혜를 나타내고 있다 잠언 17:8: 18:16: 19:6 . 그 중에서도 '은밀하게 주는 선물은 화를 가라앉히고, 품속에 넣어주는 선물은 격한 분노를 가라앉힌다 잠언 21:14 .'가 가장 잘 나타내준다.

아비가일은 자기의 행동에 대해 나발이 반대할 것을 알았다. 그러나 하나님이 다윗을 지켜주시기 때문에, 나발이 다윗을 저주하면 결과가 어떠하리라는 것을 아비가일은 알았다. 그녀는 사람에게 복종하는 것보다 하나님께 복종하는 행동을 선택했다 사도행전 5:29 .

아비가일이 다윗을 보고 급히 나귀에서 내려 다윗 앞에 엎드려 얼굴을 땅에 대고 절을 하였다. 그런 다음에 아비가일이 다윗의 발 앞에 엎드려 애원하였다.

"죄는 바로 나에게 있습니다. 이 종이 말씀드리는 것을 허락해 주시고 이 종의 말에 귀를 기울여 주십시오. 장군께서는 나의 몹쓸 남편 나발에게 조금도 마음을 쓰지 마시기 바랍니다. 그 사람은 정말 이름 그대로 못된 사람입니다. 이름도 나발인데다 하는 일도 어리석습니다. 그런데다 장군께서 보내신 젊은이들이 왔을 때에는 내가 거기에 있지 않아서 그들을 만나지도 못하였습니다. 장군께서 사람을 죽이시거나 몸소 원수를 갚지 못하도록 막아주신 분은 주님이십니다. 주님도 살아계시고 장군께서도 살아계십니다. 장군님의 원수들과 장군께 해를 끼치려고 하는 자들이 모두 나발과 같이 되기를 바랍니다. 여기에 가져온 이 선물은 장군님을 따르는 젊은이들에게 나누어 주시라고 제가 가져온 것입니다. 이 종의 허물을 용서해주시기 바랍니다. 장군께서는 언제나 주님의 전쟁만을 하셨으니 주님께서 틀림없이 장군님의 집안을 영구히 세워주시고, 장군께서 사시는 동안 평생토록 아무런 재난도 일어나지 않도록 도와주실 것입니다. 그러므로 어느 누가 일어나서 장군님을 죽이려고 쫓아다니는 일이 있더라도 장군님의 생명은 장군께서

섬기시는 주 하나님이 생명 보자기에 싸서 보존하실 것이
지만 장군님을 거역하는 원수들의 생명은 주님께서 돌팔매
로 던지듯이 팽개쳐 버리실 것입니다. 이제 곧 주님께서 장
군께 약속하신 대로 온갖 좋은 일을 모두 베푸셔서 장군님
을 이스라엘의 영도자로 세워주실 터인데 지금 공연히 사
람을 죽이시거나 몸소 원수를 갚으시거나 하여 왕이 되실
때에 후회하시거나 마음에 걸리는 일이 없도록 하시기 바
랍니다. 주님께서 그처럼 좋은 일을 장군께 베풀어주시는
날 이 종을 기억해 주시기 바랍니다 사무엘상 25:23-31."

아비가일의 간청은 현명했고 겸허했다. 그녀는 다윗에게
자비를 구하고, 유혈을 막는 방법을 말하고, 넉넉한 음식
선물을 바치고, 하나님이 다윗을 특별한 은혜로 세워주신
다고 단언했다. 그녀가 다윗의 집안이 영원히 이어질 것을
알아본 것은 하나님이 다윗에게 주신 언약의 주요부분 그
대로다.

나발의 용서를 간청하기 위해 다윗에게 선물을 보내는 아비가일의 모습
아반치노 누치, 〈다윗과 아비가일〉

다윗이 언제나 하나님의 전쟁만을 한 것은, 그 전에 백성들이 열망하던 왕과는 달리 다윗은 정말로 하나님이 세운 왕이기 때문이다. 그녀는 사람이 값진 보물을 좋아하듯이 하나님이 자신이 세우신 다윗을 좋아하시고 다윗이 하나님의 뜻을 기꺼이 받든다는 것, 그래서 그가 큰일을 해낼 운명을 지니고 있다는 것을 알았다.

아비가일은 다윗이 사울이 죽고 난 뒤에 이스라엘을 효율적으로 다스릴 것을 확신했다. 한편 그녀는 다윗에게 그의 장래와 왕위를 위태롭게 하는 어떤 일도 해서는 안 되며 사사로운 분노의 앙갚음으로 하나님의 뜻을 어겨서는 안 된다고 주의를 주었다.

다윗이 아비가일에게 말하였다.

"주 이스라엘의 하나님이 오늘 그대를 보내어 이렇게 만나게 하여 주셨으니 주님께 찬양을 드리오. 내가 오늘 사람을 죽이거나 나의 손으로 직접 원수를 갚지 않도록 그대가 나를 지켜주었으니 슬기롭게 권면하여 준 그대에게도 감사하오. 하나님이 그대에게 복을 베풀어 주시기를 바라오. 평

안히 집으로 돌아가시오. 내가 그대의 말대로 할 터이니 걱정하지 마시오 사무엘상 25:32-33, 35."

아비가일은 자기 집안을 살려내고 성실하게 집에 돌아가 보니 남편은 술에 취해 있고 다가올 재앙을 벗어날 길이 없음을 알게 되었다. 나발이 깨어나자 아비가일이 있었던 모든 일을 그에게 말했다. 이 말을 듣고 나발은 심한 마비를 일으키고 고생하다 열흘 후에 목숨을 거두었다.

나발은 사악의 덩어리였다. 다른 사람의 말에 귀를 막는 고집을 부리더니 결국 죽음에 이른 것이다 사무엘상 25:17.

다윗은 아비가일이 과부가 되었다는 말을 듣자마자 자기의 아내로 삼으려고 그 여인에게 사람을 보내어 그 뜻을 전하였다. 그녀의 반응도 즉각적이고 정중했다. 아비가일이 일어나 얼굴이 땅에 닿도록 절을 한 다음에 말하였다.

"이 몸은 기꺼이 그분의 종이 되어 그를 섬기는 종들의 발을 씻겠습니다."

아비가일이 일어나서 서둘러 나귀를 타고 길을 떠나니 그 뒤로 그 여인의 몸종 다섯이 따라나섰다. 아비가일은 이렇게 다윗의 시종들을 따라가서 그의 아내가 되었다.

그녀가 겸손하게 '주인을 섬기는 종들의 발을 씻은 것'은 예수의 발을 씻은 여인 누가복음 7:38, 요한복음 12:3 과 예수께서 제자들의 발을 씻어주신 것 요한복음 13:4-5 과 맥이 통하는 것으로 아름다운 선구자의 모습이라 할 수 있다.

우리는 아비가일을 다윗의 둘째 아들 길르압의 어머니로만 알고 있다. 한 번도 왕위 쟁탈의 경쟁자로 언급되지 않은 것으로 보아 길르압은 어려서 죽은 것이 분명하다.

그러나 성경은 아비가일을 가정에 충실한 어머니로 묘사한다. 비록 나발이 한 아버지로서 집안을 이끌지는 못했으나, 아비가일은 남편과 집안과 왕에게 충실했고, 그녀의 행동은 단호하고 정중하고 현명했다.

A Blessing
for You

그대를 위한 기도

아비가일처럼
당신의 집안 환경과 관계없이
당신이 주 하나님과
당신에게 의지하는 사람들을
성실하게, 현명하게, 그리고 겸허하게
섬기기를 기원합니다.

르무엘왕의
어머니

그녀가 아들을
통해서 빛나다
〈잠언 31〉

르무엘왕의 어머니

THE MOTHER OF KING LEMUEL

덕망이 있는 여인의 잠언 31편은 성경 안에서 잘 알려진
부분이다. 그러나 흔히 간과되고 있는 것은 이 잠언 편의
출처다. 그것은 자기 어머니로부터 지혜를 배웠다고 말하
는 한 왕에 의해서 기록된 것이다.

　이 잠언의 마지막 장에는 '현명한 왕 잠언 31:2-9 '과 '유능한
아내 잠언 31:10-31 '의 시적인 문장이 들어있는데 르므엘왕이
지은 것으로 되어 있다. 이 왕을 솔로몬왕이라고도 하고 어
떤 이들은 이름을 알 수 없는 어느 왕이라고도 한다.

한 아이를 두고 다투는 두 여인에게 판결을 내리는 솔로몬의 모습
니콜라 푸생, 〈솔로몬의 재판〉

만약 르므엘이 솔로몬이라고 한다면, 자기 아들에게 훌륭한 품성에 관해 이런 격언들을 가르친 어머니가 밧세바가 된다. 이 여인은 덕망보다 부끄러운 행동으로 더 알려져 있다. 아마도 밧세바는 전혀 흠잡을 데가 없는 그의 조상 룻 마태복음 1:5-6 에 관해서 가르쳤을 것이다.

그래서 솔로몬은 룻을 마음속에 두고 잠언을 썼으리라 잠언 31:10-31 . 이 잠언은 룻의 일생에 관한 것이다. 이 잠언에는 어머니들과 모성애에 솔로몬이 크게 존경심을 보이는 많은 사례가 나온다.

예를 들어 솔로몬의 지혜가 가장 잘 드러난 것은, 어머니는 자기 아이를 결코 해치지 않는 경우와 자기의 이익만을 위해 행동할 수 있는 경우가 있다는 것이다 열왕기상 3:16-28 . 잠언을 통해서 솔로몬은 자식들에게 부모로부터 배우라고 여러 번 충고하고 있다 잠언 1:8; 10:1; 15:20 . 심지어 그는 지혜 그 자체를 여인으로 본다 잠언 1:20; 3:13-18; 4:5-9; 8:1-9:12 . 더욱이 솔로몬은 밧세바 앞에 엎드려 절까지 하면서 존경했다 열왕기상 2:19 .

밧세바의 허물이 어떠했던지 또 그녀가 밧세바인지 아닌지는 몰라도 르므엘왕의 어머니라는 사람은 자기 아들 솔로몬을 현명한 사람, 그리고 위대한 영도자가 되도록 도와준 것은 분명하다.

A Blessing for You

그대를 위한 기도

당신이 살아오다
어떤 잘못을 했어도
하나님의 지혜가
당신 자녀들에게
스며들게 하기를 기원합니다.
자녀들과의 관계가
계속 튼튼하게 지속되기를 기원합니다.

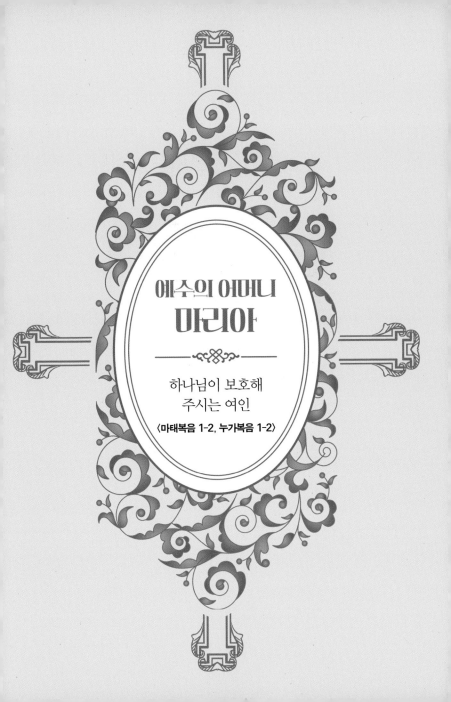

예수의 어머니
마리아

하나님이 보호해
주시는 여인
〈마태복음 1-2, 누가복음 1-2〉

예수의 어머니 마리아

MARY THE MOTHER OF JESUS

성경에 등장하는 아주 특별한 여인들 가운데 어느 누구
보다 눈에 띄는 한 여인이 있다. 그녀는 하나님의 축복을
가장 많이 받은 여인이고 이 세상 여인들이 가장 많이 존경
하는 여인이다.

　참으로 마리아는 그 누구보다도 돋보이는 여인이다. 하
나님은 이 세상에 지금까지 태어난 모든 여인들 중에서 마
리아를 가장 특별하게 선택했다. 이는 하나님이 그녀를 통
해서 이 세상에 메시아가 태어나게 하는 매체로 쓰기 위함
이었다.

　마리아 자신도 이제부터 모든 세대가 자기를 하나님의

가장 큰 축복을 받은 사람으로 보리라고 했다 누가복음 1:48 . 이 말을 한 것은 자기를 어떤 성스러운 초인간으로 믿었기 때문이 아니고 놀라운 은총과 특권을 받았다고 믿었기 때문이다. 마리아를 통해 이 세상에 태어나신 하나님의 아들은 모든 복이 솟아나는 샘인 것이다 시편 72:17 .

예수 생애가 기록된 복음서에 나오는 마리아는 한결같이 낮은 자세로 지내던 겸허한 여인이었다. 성경은 그녀를 한 노동자와 약혼한 십대의 보통 여자로 기록하고 있다. 만약 당신이 그녀의 첫 아들을 잉태하기 전에 마리아를 만났다면, 당신은 그녀를 특별한 여자로 알아보지 못했을 것이다. 그녀의 배경과 사회적 신분으로 볼 때, 그때까지 그녀의 인생과 경험은 특별하다고 볼 수 있는 것이 많지 않았기 때문이다.

우리가 누가복음에서 마리아를 처음으로 만나는 때는 하나님의 놀라운 계획을 알려주기 위하여 천사장이 예고 없이 갑자기 나타났을 때이다. 성경에는 간단히 이렇게 나온다.

'하나님께서 천사 가브리엘을 갈릴리 지방의 나사렛 동

네로 보내시어 다윗의 가문에 속한 요셉이라는 남자와 약
혼한 처녀에게 가게 하셨다. 그 처녀의 이름은 마리아였다
누가복음 1:26-27 .

수태고지의 시기는 마리아가 아마도 아직 십대였을 것
이다. 그 당시의 습관은 처녀가 열세 살이라는 어린 나이에
약혼하는 것이었다. 결혼은 신랑과 그의 부모들이 처녀의
아버지와 상의해서 결정하는 것이 보통이었다. 마리아는
요셉과 약혼을 했는데, 그가 목수였다는 사실 외에 알려진
것은 거의 없다.

멀리는 하와에 이르기까지 마리아의 조상 중에서 하나님
에게 순종하는 수많은 여인들이 자신을 통해서 구세주가 임
하게 되는 소망을 품었다. 그러나 그 특전은 미혼녀의 임
신이라는 오명의 대가를 치르게 하고 마리아에게 다가왔다.

비록 그녀는 동정녀로 있었지만 세상 사람들은 달리 생
각할 수밖에 없었다. 요셉까지도 나쁜 쪽으로만 생각했다.

마리아가 임신했다는 것을 알고 자기가 그 아이의 아버
지가 아니라는 것을 알았을 때 그의 마음이 얼마나 괴로웠

을까. 성경에 따르면 요셉은 마리아를 공개적으로 벌주기를 바라지 않았다. 하지만 그 소문에 너무 큰 충격을 받아서 처음에는 파혼할 수밖에 없다고 생각했다. 그때에 천사가 꿈속에 나타나서 그를 안심시켰다.

"다윗의 자손 요셉아, 두려워하지 말고 마리아를 네 아내로 맞아 들여라. 마리아가 아기를 가진 것은 성령께서 하신 일이다. 마리아가 아들을 낳을 것인데 이름을 예수라고 하여라. 그분께서 자기 백성을 죄에서 구원하실 것이다 마태복음 1:20-21 ."

마리아가 놀랍게도 자신이 구세주의 어머니가 되리라는 것을 알았을 때 소문 따위의 결과를 두려워하지 않았다. 대가를 치러야 한다는 것은 알지만 그리스도의 어머니가 된다는 엄청난 특전을 생각해 보고, 간단히 이렇게 말하면서 마리아는 무조건 순종했다.

"보십시오, 나는 주님의 여종입니다. 말씀하신대로 나에게 이루어지기를 바랍니다 누가복음 1:38 ."

기쁘고 흥분을 참지 못해 마리아는 시골 산골에 있는 사랑하는 친척 엘리사벳을 만나러 서둘러갔다. 천사가 분명하게 엘리사벳이 임신한 것을 마리아에게 알려주었다. 둘 다 튼튼한 믿음의 사람이며 임신 중이므로 마리아가 자연스럽게 가까운 그 친척을 찾아갔다. 그들 두 사람에게 내리신 하나님의 축복을 서로 같은 마음으로 기뻐하려 했던 것이다.

엘리사벳이 마리아의 인사말을 들었을 때에 아이가 그녀의 뱃속에서 뛰놀았다. 엘리사벳이 성령으로 충만해서 큰소리로 외쳐 말하였다.

"그대는 여자들 가운데서 복을 받았고 그대 태중의 아이도 복을 받았습니다. 내 주님의 어머니께서 내게 오시다니 이것이 어찌된 일입니까 누가복음 1:41-43?"

마리아도 그녀 자신의 예언의 말로 대답하였다. 마리아가 이 때 한 말은 '마리아 찬송'으로 알려져 있다. 그것은 성육신에 관한 찬송이다. 그것은 말로 표현할 수 없는 환희의 노래이고 신약성경 안에서는 가장 격조 높은 찬송이다.

내 영혼이 주님을 찬양합니다.

내 영혼이 나의 구주 하나님을 기뻐합니다.

그것은 주님께서 이 여종의

비천함을 돌보셨기 때문입니다.

이제부터 모든 세대가

나를 복되다 할 것입니다.

그것은 전능하신 분이

내게 이 큰 일을 행하셨기 때문입니다.

주님의 이름은 거룩합니다.

주님의 자비하심은 하나님을 두려워하는

자에게 대대로 있을 것입니다.

주님은 강한 팔로 권능을 행하시고

마음이 교만한 자를 흩으셨습니다.

하나님은 왕들을 왕좌로부터 끌어내리시고

낮고 천한 사람들을 높이셨습니다.

굶주린 사람들을 좋은 것으로 채우시고

부자를 빈손으로 돌려 보내셨습니다.

주님은 자비를 기억하시며

주님의 종 이스라엘을 도우셨습니다.

우리 조상들에게 말씀하신 대로

아브라함과 그 자손들을

영원히 도우실 것입니다.

누가복음 1:46-55

그것은 구약성경의 어느 시편에도 뒤지지 않는다. 그것은 사무엘의 탄신을 노래한 한나의 유명한 찬송가와 유사한 점이 많다. 이 노래에는 열렬한 신앙의 소망과 아브라함의 언약까지도 담겨져 있다.

마리아의 예찬은 확실히 마음에서 우러난 것이고 그녀는 하나님이 내리신 놀라운 은혜를 마음속에 겸손하게 받아드렸다. 그리스도의 사역에 관해 기록한 복음서에는 오직 세 장면에서 마리아가 등장한다.

마리아의 첫 등장은 가나의 혼례잔치가 있을 때였다. 거기서 예수께서 첫 번째 그의 기적을 행하셨다. 마리아가 잔치에 쓰는 포도주가 부족한 것을 보고 그리스도가 이 궁지를 벗어나게 할 수 있다는 것을 알고, 어떻게 좀 해보라고 했다. 마리아에 대한 반응은 부드러운 책망이었다고 성경에 나온다. 예수께서 어머니에게 말씀하셨다.

"어머니, 그것이 나와 어머니에게 무슨 상관이 있습니까? 아직도 내 때가 오지 않았습니다 요한복음 2:4 ."

어린 시절의 예수와 마리아의 모습
헤라르트 다비트, 〈숟가락을 든 아기 예수와 성모〉

예수께서 버릇이 없었던 것은 아니었다. 성경 어디에도 마리아가 섭섭해 하거나 화를 냈다고 적힌 곳이 없다. 예수님의 의도는 상처를 주는 것이 아니라 잘못을 바로잡고 가르치는 데 있었다. 마리아는 예수님의 어린 시절 사건이 생각났을 것이다. 예루살렘에서 예수님이 곁에 있다가 보이지 않았다. 미친 듯이 찾다가 성전에서 그를 찾아내고 마리아가 걱정하게 했다고 예수님을 은근하게 책망했다. 그때 이렇게 대답했다.

"왜 저를 찾으셨습니까? 제가 아버지 집에 있어야 할 것을 모르셨습니까 누가복음 2:49 ?"

예수는 지상의 부모의 관심 때문에 하늘에 계신 아버지의 더 높은 권세를 무시할 수 없음을 말씀하신 것이다. 가나의 혼례잔치에서 예수가 마리아에게 하신 말씀도 비슷했다. 이 세상의 어머니로서의 역할은 하나님의 시간표에 맞추어 하나님의 뜻을 실천하는 예수님의 사역에 개입하는 것이 아니었다. 인간으로서 그분은 그녀의 아들이었다. 그러나 하나님으로서 그분은 그녀의 주님이었다.

하지만 어머니의 말씀대로 예수께서 물을 포도주로 만드셨다. 그 다음부터 마리아는 배후에 있으면서 나서지 않았다. 마리아는 자기 친구나 친척 어느 누구를 위해서도 기적을 일어나게 하고 은총이나 축복을 빌어달라고 부탁한 적이 결코 없었다.

마리아는 예수가 지상의 사역을 하시고 있을 때 다시 한 번 나타났다. 그때는 예수님으로부터의 기적을 절규로 간구하는 인파가 더욱더 많아진 때였다. 예수님의 사역을 기대하는 사람들이 너무 많아서 예수께서는 식사하실 시간도 없었다고 성경은 기록하고 있다 마가복음 3:20 .

친인척들이 예수님의 안전을 걱정하기 시작했다. 그들은 예수에게 몰려가서 군중들로부터 벗어나게 하려고 시도했다. 여기서 마리아가 어머니로서 예수를 이끌기보다는 오히려 주님으로서 예수에게 순종하는 것을 볼 수 있다. 마리아는 믿음이 깊은 예수 제자 중의 한 사람이 되었다. 예수에게는 해야 할 일이 있고 예수에게 이래라 저래라 할 수 없다는 것을 마리아는 깨닫게 되었다.

마지막으로 나타나는 마리아는 십자가에 이르는 아들의 행보를 뒤따라간다. 그리고 예수께서 숨을 거두신 그 어두운 밤에 마리아는 슬퍼하고 두려워하면서 다른 여인들과 함께 가까이에서 지켜보고 있었다. 십자가에 못 박히실 때에 예수 곁에 있었던 것이 마리아가 성경에 등장하는 세 번째이고 마지막 기록이 된다.

마리아는 아마도 이런 날이 오리라는 암시를 받고 있었다. 마리아는 예수의 죽음에 관해 말하는 것을 들은 일이 있어 두려움이 마리아의 마음에서 떠나지 않았다. 시므온이 아기 예수에 관해 예언할 때에 어떻게 임박한 비극의 첫 번째 암시가 마리아의 의식 속으로 스며들었나를 누가복음은 상세히 기술하고 있다.

'보십시오, 이 아기는 이스라엘 가운데 많은 사람을 넘어지게도 하고 일어서게도 하려고 세우심을 받았으며, 비방받는 표징이 되게 하려고 세우심을 받았습니다. 그리고 칼이 당신의 마음을 찌를 것입니다. 그리하여 많은 사람의 마음속 생각들이 드러나게 될 것입니다 누가복음 2:34-35 .'

몇 해가 지난 뒤 한 병사가 예수의 옆구리를 칼로 찌르는 것을 보았을 때, 마리아는 칼이 자신의 영혼을 관통하는 것처럼 느꼈을 것이다. 마리아가 조용히 아들이 죽어가고 있는 것을 보고 있었을 때, 다른 사람들은 예수를 큰 소리로 비웃고 모욕을 주고 있었다. 그러나 마리아는 누구보다도 예수가 죄가 없고 부당하게 죽어가고 있음을 잘 알고 있었다.

마리아는 예수를 날 때부터 키웠다. 어느 누구도 그녀보다 더 예수를 사랑할 수 없을 것이다. 지켜보는 마리아의 고통은 상상도 할 수 없는 일이다. 많은 사람들이 두려워 도주하고 고통과 절망으로 몸부림치며 떼를 지어 무너져 쓰러질 때, 마리아는 냉엄하게 버티고 서 있었다. 마리아는 위엄을 갖춘 은혜와 용기의 여인이었음에 틀림없다.

마리아는 이 두려운 순간에 예수에게 유일하게 해줄 수 있는 것은 예수 곁에 굳건히 지키고 있는 것이라고 여긴 것 같다. 그러나 예수 생명이 얼마 남지 않았을 때 그녀를 구한 것은 예수였다. 이미 죽음의 마지막 고통을 느낄 때 예수는 마리아와 몇몇 여인들이 사랑하는 제자 요한과 함께 가까이 서 있는 것을 보았다. 마지막 순간에 이르러 예수는 마리아와의 인간적 연분을 인정했다. 요한은 자신의 복음서에 일어났던 일을 다음과 같이 기록했다.

'예수께서는 자기 어머니와 그 곁에 서 있는 사랑하는 제자를 보시고, 어머니에게 '어머니 이 사람이 어머니의 아들입니다'하고 말씀하시고 그 다음에 제자에게는 '자, 이 분이 어머니시다'하고 말씀하셨다. 그때부터 그 제자는 그녀를 자기 집으로 모셨다 요한복음 19: 26-27 '.

생명을 하나님께 바치기 전 예수의 마지막 행동은 마리아의 여생을 돌보게 하는 것이었다. 그 행동은 마리아의 첫 아들과의 관계를 입증하는 것이다. 마리아는 예수의 지상에서의 어머니였지만, 예수는 그녀의 영원한 주님이었다. 마리아는 그런 관계를 이해하고 마음에 새기고 있었다.

예수가 어렸을 때 이 세상일에 관해서 부모의 권위에 순종한 것처럼, 마리아도 하늘나라에 관해서는 아들의 권위에 고개를 숙였다. 어머니로서 마리아는 한때 예수가 필요한 모든 것을 마련해 주었지만, 궁극적이고 영구적인 의미로 볼 때 예수가 그녀의 구원자요, 부양자였다.

마리아는 다른 어머니와 달랐다. 믿음이 깊은 어머니들은 대체로 자녀들을 천국에 갈 수 있게 훈련시키는 데 열중한다. 그러나 마리아의 아들은 주님이었고 하늘에 계신 창조주였다. 시간이 흐르면서 그 진리의 중요성을 깨닫게 되고 온몸으로 믿게 되었다.

마리아는 제자 그리고 숭배자가 되었고, 예수와의 모자 관계는 배경 속으로 사라졌다. 자기의 어머니를 요한이 돌보게 맡기는 그 순간이 지상에서 예수가 어머니와 관계하는 마지막 장면이었다. 예수가 숨을 거둔 뒤 마리아는 한 번 더 성경 속에 등장한다.

'이들은 모두, 여자들과 예수의 어머니 마리아와 예수의 동생들과 함께 한마음으로 기도에 힘썼다 사도행전 1:14.'고 성경에 나온다.

마리아는 예수의 아주 특별한 지상의 여정을 통하여-천사의 수태고지로부터 예수 승천 후 제자들과 함께 예배드

리기-그 모든 것을 겪으면서도 언제나 주님의 공손한 시녀에 지나지 않는다고 생각했다.

그녀는 하나님의 특별한 쓰임을 받았기 때문에 아주 특별했다. 그녀의 인생과 증언은 항상 우리를 예수에게 향하게 만든다. 예수는 마리아의 숭배의 대상이었다. 예수는 마리아가 주님으로 받아드린 존재였다. 예수는 마리아가 모든 것을 걸었던 신앙의 대상이었다.

**A Blessing
for You**

그대를 위한 기도

마리아처럼
당신이 임신한 것을 알기 전부터
가족들에게 헌신하기를 기원합니다.
늘 그들과 함께하기를 기원합니다.
그리고
당신의 인생여정을 통해서
당신 자신과 자녀들을
더욱더 신실하게
하나님에게 맡길 것을 기원합니다.

요한 마가의 어머니 마리아

충신한 신자,
용감한 어머니

〈사도행전 12〉

요한 마가의 어머니 마리아

MARY THE MOTHER OF JOHN MARK

갓 세워진 교회에 관한 가장 극적인 이야기 속에 아주 특별한 한 어머니가 조용히 등장한다. 당신은 그녀에게 주목하지 않고 다음 구절을 여러 번 읽은 적이 있을 것이다.

    사도 베드로는 예루살렘에서 옥중에 있을 때 파수꾼들의 엄중한 감시를 받고 있었다. 그러나 교회는 그를 위하여 하나님께 간절히 기도하였다.

    헤롯이 베드로를 백성들 앞에 끌어내기로 한 그 전날 밤이었다. 베드로는 두 쇠사슬에 묶여 군인 두 사람 틈에서 잠들어 있었고, 문 앞에는 파수꾼들이 감옥을 지키고 있었다.

그런데 갑자기 하나님의 천사가 나타나고 감방에 빛이 환하게 비쳤다. 천사가 베드로의 옆구리를 쳐서 깨우고 말하기를 "빨리 일어서라."하였다. 그러자 쇠사슬이 그의 두 손목에서 풀렸고 사도행전 12:6-7 , 천사는 그를 안전하게 감방 밖으로 끌어냈다.

감옥에서 나온 후 베드로는 마가라고도 하는 요한의 어머니 마리아의 집으로 갔다. 거기에는 많은 사람이 모여서 기도하고 있었다.

그동안에 베드로가 줄곧 문을 두드리니, 사람들이 문을 열어서 베드로를 보고 깜짝 놀랐다. 베드로는 손을 흔들어서 그들을 조용하게 하고 주님께서 자기를 감옥에서 인도하여 내신 일을 이야기하였다.

그리고 그는 "이 사실을 야고보와 다른 신도들에게 알리시오."라고 말하고는 거기에서 떠나 다른 곳으로 갔다 사도행전 12:12: 16-17 .

성경은 여기에서 오직 한 번 요한 마가의 어머니 마리아에 관해 언급하고 있지만 우리는 많은 정보를 수집해서 알 수 있다.

1. 그녀는 미망인일지도 모른다. 그 집이 남편의 것이 아
   니라 그녀의 집으로 불리고 있다.
2. 요한 마가가 바나바의 사촌이기 때문에 골로새서 4:10 , 마
   리아가 바나바의 숙모임을 알 수 있다.
3. 베드로가 그녀의 집을 찾아가 도움을 받고 교회를 격
   려한 것을 볼 때, 마리아는 초기 교회의 탁월한 지지
   자였음에 틀림없다.
4. 마리아는 용감했을 것이다. 교회는 요한의 형 야고보
   가 사형에 처해지고, 베드로도 같은 운명을 맞게 되는
   박해를 당하고 있었다.
   그러나 마리아는 엄청난 위험을 무릅쓰고 그 교회를
   자기 집에 기꺼이 맞아들였다.

우리는 그녀의 아들 요한 마가에 관해 알고 있는 것을 통
해 마리아의 아주 특별한 성격을 알 수 있다.

베드로가 도주한 직후, 바나바와 바울이 예루살렘을 방문하고 요한 마가를 데리고 그들은 다시 전도여행을 떠났다. 여섯 도시를 돌고 난 뒤, 요한 마가는 그 일을 그만 두고 예루살렘으로 돌아갔다.

그가 떠나간 어떤 이유도 바울은 받아들이지 않았다. 그의 이탈이 포교활동을 방해하진 않았지만 후일에 바울과 바나바 사이의 다툼을 일으켰고 이 다툼은 마침내 화합으로 매듭짓게 되었다.

사실은 바울이 로마에서 감옥에 있을 때, 특별히 요한 마가에게 도움을 청했다.

"누가만 나와 함께 있습니다. 그대가 올 때에 마가를 데리고 오십시오. 그 사람은 나의 일에 요긴한 사람입니다 디모 데후서 4:11 ."

비록 유감스럽게 그가 한때 바울과 바나바를 떠나긴 했지만, 마리아의 아들은 마음을 바로잡아 헌신하는 동료의 역할을 해냈고, 마가복음서를 써내도록 하나님의 쓰임을 받았다.

그럼 요한 마가의 이야기는 그의 어머니 마리아에 관해 무엇을 말해주고 있는가?

1. 마리아는 위험이 도사리고 있는 전도여행을 다시 시작할 만큼 하나님의 일을 사랑하는 믿음의 아들을 길렀고, 헌신하는 마음으로 아들이 그 여행길을 떠나게 했다.

2. 마리아의 아들은 곤란에 처할 때 집으로 어머니를 찾아갈 수 있다는 것을 알았다.

3. 마리아의 아들은 '실패는 치명적인 것이 아니다. 은총의 하나님을 섬기는 일에 다시 돌아올 수 있다'는 것을 알았다. 요한 마가의 믿음의 회복은 베드로와 가깝게 지내면서 이루어졌다. 베드로는 그를 '나의 아들 마가'라고 불렀다 베드로전서 5:13.

　물론 베드로도 실패가 생소하지 않았다. 젊은 마가에게 끼치는 그의 영향력은 요한 마가가 우유부단을 떨쳐버리는데 도움이 되었고, 하나님이 그에게 맡기신 사명을 감당할 수 있도록 힘이 생기고 성숙하는데 도

움이 되었다. 요한 마가는 베드로의 설교를 바탕으로
삼아 그의 복음서를 기록했던 것이다.

이런 아주 특별한 아들은 아주 특별한 한 어머니의 믿음
충만한 영향을 받았던 것이다.

A Blessing for You

그대를 위한 기도

요한 마가의 어머니처럼

당신이 하나님의 백성 안에서

자녀들을 키우고

하나님 섬기는 일에

자녀들을 바칠 때

자녀들의 믿음이 쑥쑥 성장함을

당신이 볼 수 있게 되기를 기원합니다.

《목적을 이끈 놀라운 어머니》의 상당 부분은 존 맥아더가 저술하고 토마스 넬슨사에서 간행한 아래 서적에서 인용되었음을 알립니다.

맥아더 바이블 연구(시리즈), 《12명의 아주 특별한 어머니들》

목적을 이끈 놀라운 어머니

하와에서 마리아까지, 세상과 운명을 바꾼 12명의 여성들

초판 인쇄 2020년 10월 7일
초판 발행 2020년 10월 15일

지은이   존 맥아더
옮긴이   신동운
펴낸이   김상철
발행처   스타북스
등록번호   제300-2006-00104호
주소   서울특별시 종로구 종로1가 르메이에르 1415호
전화   02) 735-1312
팩스   02) 735-5501
이메일   starbooks22@naver.com
ISBN   979-11-5795-555-8 03230

ⓒ 2020 Starbooks Inc.
Printed in Seoul, Korea